本书由苏州大学优势学科(中国语言文学一级学科)建设经费以及江苏高校哲学社会科学基金资助项目(2015SJB514)资助出版

苏州郊区方言研究

林齐倩 · 著

苏州大学出版社
Soochow University Press

图书在版编目(CIP)数据

苏州郊区方言研究/林齐倩著. —苏州:苏州大学出版社,2016.11
 ISBN 978-7-5672-1931-1

Ⅰ.①苏… Ⅱ.①林… Ⅲ.①吴语－方言研究－苏州 Ⅳ.①H173

中国版本图书馆 CIP 数据核字(2016)第 280704 号

书　　名	苏州郊区方言研究
著　　者	林齐倩
策　　划	刘　海
责任编辑	巫　洁
装帧设计	刘　俊
出版发行	苏州大学出版社(Soochow University Press)
出 品 人	张建初
社　　址	苏州市十梓街1号　邮编:215006
印　　刷	苏州工业园区美柯乐制版印务有限责任公司
网　　址	www.SudaPress.com　　QQ:64826224
E-mail	Liuwang@suda.edu.cn
邮购热线	0512-67480030
销售热线	0512-65225020
开　　本	700 mm×1 000 mm　1/16　印张:12.5　字数:211 千
版　　次	2016 年 11 月第 1 版
印　　次	2016 年 11 月第 1 次印刷
书　　号	ISBN 978-7-5672-1931-1
定　　价	49.00 元

凡购本社图书发现印装错误,请与本社联系调换。服务热线:0512-65225020

序

苏州方言应该是汉语方言中研究得最多的方言之一。用现代语言学方法做的苏州方言研究,大约可以从赵元任先生的《北京、苏州、常州语助词的研究》算起。据《中国分省区汉语方言文献目录(稿)》①统计,80年来,关于苏州话的论文、专著竟多达144篇(本)!苏州方言语音、词汇、语法的各方面,还有苏州方言的文献、历史等,都有相当的研究。其中不乏语言学大家,更不乏精细的描写和深刻的分析。

李荣先生曾经提醒方言工作者:"现在馒头是整屉的,食堂里的馒头是一屉一屉的,你吃不完呢……不光是馒头有,还有面粉做后备军呢。"②苏州这个屉子里的馒头又好又多,但是,毕竟吃的人多了些,到21世纪,已不是太丰富,再要吃,也要拿面粉做了。

这就是摆在刚开始博士专业学习的林齐倩面前的情况。齐倩硕士阶段学的是对外汉语专业,博士阶段跟我学习,我只会教方言,她正好是苏州人,就只能跟我研究苏州方言。这样,虽然面临种种困难,也只得知难而上。其实在我的心里确实存有疑虑,不能确定她的学习和研究能否成功。

但是,现在摆在我们面前的这个成果,说明我的疑虑是多余的。

首先,论文选题的定位是正确的。众多苏州方言的研究论著,绝大部分研究苏州城区方言。面对前辈学者的丰硕成果,要求初学者一开始就实现超越,未免苛求。另一方面,苏州郊区在传统上被称为吴县,同属苏州,但其方言跟城区方言有一定程度的差别,值得研究。而前贤对此研究不多,有较大研究空间。

---

① 张振兴,李琦,聂建民.中国分省区汉语方言文献目录(稿)[M].北京:中国社会科学出版社,2014:369—374.
② 李荣.语文论衡·汉语方言学会成立大会开幕词[M].北京:商务印书馆,1985:19.

其实,这个题目做起来也非易事。第一,郊区方言有一大片。做这个课题要调查多少点?我给作者的要求是无情的"多多益善"。实际上,当然不可能是无限的,齐倩尽了最大努力,不怕艰辛,达到了研究的要求。第二,这十几年来,苏州出现惊人发展,农村正纷纷变为高楼大厦和通衢大道,流传千年的方言跟着古老的村庄一起消失。寻找合适的发音人成为难事,这是老一辈方言学者所没有遇到过的。齐倩是在克服这些新困难的情况下完成本课题的,其间甘苦,只有她自己最清楚。

对苏州城区方言的研究,是方言点的研究,功夫体现在精度和深度上,相对单一。苏州郊区方言则是一个面,研究重点和方法大有区别。作为研究基础,首先要掌握各个点的语言事实。这不仅要知道调查方言的基本方言,面对众多调查点,还要在有限的时间、精力下抓住重点,少而精地掌握各点方言特征。作者在这方面是下了功夫的,并且做得比较好。作者还充分利用现代实验语音学的手段,弥补了以往成果在语音辨析上的不足,使语料更准确可靠。

本课题更重要的目标和意义是为郊区勾画出方言地图。作者吸收方言地理学的新理论,为我们展示了一幅苏州郊区方言分布大势图,这是以往大家都不很清楚的。这张图显示,苏州郊区方言从北到南分成三个东西狭长的区域,中间一区穿过苏州城区。北区跟城区方言最接近,南区的差别最大,尤其以太湖上的东山、西山为甚。

我们研究方言,重在描写,因为描写重要,描写不易,但绝非止足于描写。相反,只要可能,我们十分看重探索语言现象背后的规律,努力探索其成因、发展脉络及其对社会的影响。共时的、空间的语言分布,可以反映历时的、时间的语言演变。齐倩在这里正是这样做的,她在提供地图的同时,提出了自己富于启示、值得重视的多项见解。

我认为,本书的苏州郊区方言研究应该可以为我们拓展出苏州方言研究更为开阔的空间。我高兴地注意到,对苏州方言有特殊兴趣者在苏州年轻人中竟大有人在。我热忱地期望,兴旺的苏州方言研究队伍将绵延不绝,包括齐倩在内的年轻的苏州方言研究者,将为吴语研究,为汉语方言研究,捧出一份又一份丰厚的成果。

汪 平

2016年5月于苏州还读书庐

目 录

第一章 导 论 1
  第一节 地理历史概况 1
  第二节 方言概况 3
  第三节 本项研究概况 4

第二章 语 音 12
  第一节 各点音系 12
  第二节 各点比较 51

第三章 词 汇 94
  第一节 代词 94
  第二节 名词 108
  第三节 其他词汇 117

第四章 讨 论 136
  第一节 苏州郊区方言特点概述 136
  第二节 苏州郊区方言的特例——东山、西山 137
  第三节 苏州郊区方言的地理学研究 140

第五章 总 结 161
  第一节 与叶祥苓《苏州方言志》比较 161
  第二节 苏州郊区方言30年来的变化 164
  第三节 苏州郊区方言的分区 168
  第四节 启示 172

余 论 175

参考文献 177

附录：苏州郊区方言调查字表 185

后 记 192

第一章 导论

第一节 地理历史概况

苏州位于长江三角洲中部,江苏省的东南部,地处东经119°55′—121°20′,北纬30°47′—32°02′之间。苏州东邻上海,南连浙江,西傍太湖,北枕长江。苏州地处以太湖为中心的浅碟形平原的底部,地形以平原为主,地势低平,平原占总面积的54.9%,海拔4米左右。西南部多小山丘,穹窿山主峰高351.7米,为全市最高点,丘陵占总面积的2.7%。境内河流纵横,湖泊密布,京杭运河贯通南北,吴淞江、娄江等连接东西,阳澄湖等散布其间,太湖水面绝大部分在苏州市境内,全市水域占总面积的42.5%,是著名的江南水乡。

苏州地处温带,气候温和、四季分明、雨量充沛、土壤肥沃、物产丰富,主要种植水稻、麦子、油菜,出产棉花、蚕桑、林果。名产有阳澄湖大闸蟹、碧螺春茶、丝绸等。

苏州历史悠久。据《禹贡》载,公元前11世纪,西周泰伯、仲雍由中原"奔荆蛮",自号"句吴"。春秋时,东周寿梦称王,建吴国。公元前514年吴王阖闾即位,命伍子胥建都城,苏州城由此诞生,迄今已两千五百多年。战国时,先后属越、楚、秦等国。秦统一六国后,在吴设会稽郡,汉代设吴郡。三国时属孙权吴国。后经宋、齐、梁、陈,或称吴郡,或称吴州。隋开皇九年(589),隋文帝攻破吴州,取城西姑苏山为名,改吴州为苏州,苏州由此得名。后复改名吴州、吴郡。唐高祖时又改为苏州。宋设平江府,元改为平江路,元末又改称隆平府,明初改为苏州府。清雍正二年(1724)析苏州为元和、长洲、吴县三个县,合城而治。后又划吴县东山、西山建太湖、靖湖两厅。至1912年,复并三县两厅为吴县。1949年新中国成立后,把吴县的城区划出来单独设为苏州市,为省辖市;周边郊区乡村仍设为吴县,属苏州专区。至1983年,实行市管县体制,成立省辖的苏州大市,下辖原苏州市及周边吴县、吴江、昆山、太仓、常熟、张家港六县,此后市辖六县陆续升格为县级市。2000年经国务院批准撤销吴县市,原吴县所辖地区划分为高新区(即虎丘区)、工业园区、吴中、相城区。2012年9月1日,经国务院、江苏省人民政府批准,撤销苏州市沧浪区、平江区、金阊区三区,设立苏州市姑苏区,以原沧浪区、平江区、金阊区的行政区域为姑苏区的行政区域;同时撤销县级吴江市,设立苏州市吴江区。因此,从2012年9月1日起姑苏区与高新区(即虎丘区)、工业园区、吴中区、相城区以及吴江区合为苏州市区。

图1-1 苏州大市行政区划图

苏州大市的总面积达8488.42平方千米,其中苏州市区面积2953.23平方千米,这其中姑苏区(即原沧浪区、平江区、金阊区)的面积只有84.59平方千米,吴江区的面积为1092.9平方千米,苏州郊区(包括高新区、工业园区、吴中区、相城区)的面积达1775.74平方千米,占苏州市区面积的60%

(图1-1)。

根据苏州市统计局发布的《苏州市2010年第六次全国人口普查主要数据公报》,2010年11月1日零时,苏州大市的常住人口为10465994人,以汉族为主,其中户籍人口5726147人,外来人口4739847人。苏州市区的常住人口为5349090人,其中姑苏区(即原沧浪区、平江区、金阊区)的人口为954455人,占17.84%,苏州郊区(包括高新区、工业园区、吴中区、相城区)的人口为3119545人,占58.32%,吴江区(即原县级吴江市)的人口为1275090人,占23.84%。

作为一座历史文化名城,苏州向有"上有天堂,下有苏杭"的美誉。唐宋以来逐渐繁荣,明清时代更趋富庶,成为"红尘中一二等风流富贵之地"(引自《红楼梦》)。苏州历代人文荟萃,名人辈出,为国务院第一批历史文化名城。苏州园林被联合国列入《世界遗产名录》,昆曲被联合国列为"人类口述和非物质遗产代表作"。自改革开放以来,苏州的经济建设取得突飞猛进的发展,2013年苏州大市的GDP总量突破1.3万亿元,位居全国第六,成为全国最发达富裕的地区之一。

第二节 方言概况

苏州方言属吴语,《新编中国语言地图集》把苏州方言归入吴语太湖片苏嘉湖小片。学界习惯把吴语分为北部和南部两部分,北部包括苏南、上海和浙北,南部包括浙江中南部,苏州方言则是北部吴语的代表。

一般来说,行政区划对方言的形成具有重要作用,但其作用的显现需要相当长的历史时期,当代方言受到的是近代行政区划的影响,当代行政区划的影响可能要到若干年以后才会显现。所以,虽然目前实行市管县的行政区划制度,现在人们说苏州,总包括昆山、太仓、常熟、张家港4个县级市以及2012年改县级市为区的吴江区,这些地方的人应该可以自称苏州人,但其方言相互有显著差别,因此当地人互相承认各自的方言分别是昆山话、吴江话等,而非苏州话。

按人们的传统观念,苏州方言是指原苏州市区说的方言,原苏州市区包括苏州城区(即姑苏区)和苏州郊区(即原吴县),不包括4个县级市和吴江区。由于苏州郊区以前是农村乡镇,其方言历来被城里人看作是苏州的乡下话,与城区有不同程度的差别,其内部也有差别。只有苏州城区的方言内部比较一致,被称为苏州的城里话。

本来,说苏州城里话的人住在苏州城区,说苏州乡下话的人住在苏州郊区。但随着经济、社会、交通的发展,农村城市化的趋势日益明显,大量城里人搬迁到郊区,与说乡下话的人住在一起,同时,很多农村人也跑到城里工作、生活。因此,在这样的大环境下,语言接触是不可避免的。再加上普通话的大力推广,逐渐出现新派、老派苏州话的差别。现在,不管是苏州城区还是郊区,小孩儿上了幼儿园以后都习惯说普通话。总的趋势是:年龄越小,说的苏州话变化越大。

第三节 本项研究概况

一、研究综述及选题意义

吴语是中国最早用现代语言学方法研究的方言之一,苏州方言作为吴语的代表,自然就成为研究的重点。对苏州话最初的专业性记录,大约可以从清吴文英的《吴下方言考》开始,之后有重大影响的著作是章炳麟的《新方言》。但这些著作大体不脱汉扬雄《方言》的窠臼,用汉字记录,不能真实反映语音,缺乏自觉的语法意识,记录的主要是词语。

真正采用现代语言学方法记录和研究苏州方言,始于赵元任先生1926年发表于《清华大学学报》的《北京、苏州、常州语助词的研究》,两年后赵先生的专著《现代吴语的研究》开创了对苏州话的科学研究。此后,专门研究苏州方言的重要著作有:陆基《注音符号·苏州同音常用字汇》(1935),廖序东《苏州语音》(1956),叶祥苓《苏州方言地图集》(1981)、《吴县方言志》(1987)、《苏州方言志》(1988)、《苏州方言词典》(1993),张家茂、石汝杰《苏州市方言志》(1987),汪平《苏州方言语音研究》(1996),李小凡《苏州方言语法研究》(1998),丁邦新《一百年前的苏州话》(2003)。此外,《汉语方言概要》(1960),1956年至1958年间对苏沪境内74个点的方言进行调查后在1960年编成的《江苏省和上海市方言概况》,1984年至1985年间钱乃荣重走赵元任当年调查过的33个点后写成的《当代吴语研究》(1992),《江苏省志·方言志》(1998)中,都有苏州方言的记录。石汝杰、宫田一郎《明清吴语词典》(2003)以及石汝杰《吴语文献资料研究》(2009)提供了丰富的吴语历史文献资料,其中相当一部分属苏州方言。

研究苏州方言的学术论文更多,涉及苏州方言语音、词汇和语法等各方面。研究者除上面所列各位外,还有金有景、谢自立、刘丹青、石峰、廖荣容、巢宗祺、徐立芳、凌锋、坂本一郎、藤堂明保、末延保雄、小川环树等。

总的来说,苏州方言研究的成绩是很大的。但无论是国内还是国外学者,都集中于苏州城区方言的研究,目前尚未发现国外有对苏州郊区(原吴县地区)方言的研究。国内除了叶祥苓先生的《吴县方言志》(1987)、《苏州方言志》(1988)和《苏州方言地图集》(1981)以外,其他也很少有对苏州郊区方言的详细研究。

叶祥苓先生在1980年对吴县各乡镇方言做了面上的调查,根据调查所得材料,他在《苏州方言志》中比较了苏州城区与吴县各处在语音和词汇方面的一些差别,并绘制了50幅方言地图。叶先生还在《吴县方言志》中详细描写了光福镇(原吴县的一个镇,在吴县的西边)的语音、词汇和语法。叶先生的贡献是第一次为学界提供了苏州郊区方言材料,把苏州郊区方言跟城区方言进行了初步比较,填补了这一方面的空白。但叶先生使用的是传统的方言调查方法,即耳辨手记,主观性较强,学界对叶先生提供的部分材料和部分研究结论存在不同的看法,在基本事实上,尚未得到一致的认可。另外,叶祥苓先生是20世纪80年代做的调查,现已时隔30年,由于时代的发展、行政区划的变化等社会因素,各地语言必定会发生一定程度的变化。因此,我们认为,用较新的方法对苏州郊区方言进行再调查,做进一步全面、深入的研究是十分必要的。

从地理上看,苏州郊区包裹着苏州城区,就像鸡蛋的蛋清包裹着蛋黄。但二者的方言有着不同程度的差别,苏州城区的人习惯上把苏州郊区人说的话称为"乡下口音",足见郊区跟城区的方言确实有一定的距离。既然苏州方言包括城区和郊区的方言,那么若要全面了解苏州方言,光研究苏州城区的方言是不够的,我们还需要对苏州郊区方言进行详细而深入的研究,这样才能对城区方言的历史面貌及其演变规律等有全面可靠的了解,从而将苏州方言的研究推向一个更高层次。从社会语言学的角度来看,由于经济、交通、普通话的推广等多种社会因素,城区的方言一般比农村的方言变化速度相对快一些。根据我们的调查,苏州郊区方言比城区保留更多古音特点,如城区古知系声母已与精组合流,而郊区有些地方知系字声母舌位靠后,并圆唇,与精组有别;城区7个声调,没有阳上,古浊上归阳去,郊区部分地方8个声调,浊上单独为阳上;等等。由此,我们可以从目前苏州郊区方言共时的地理分布看到过去苏州城区方言语音演变所留下的痕迹。赵元任先生

(1980:104)说:"原则上大概地理上看得见的差别往往也代表历史演变上的阶段。"因此研究苏州郊区方言对全面了解苏州方言具有很大的意义。

从统计数据看,苏州郊区的面积是城区的20倍,其人口是城区的3倍。郊区东临昆山、南接吴江、西傍太湖、北靠常熟,西北面又与无锡接壤,长久以来或多或少会受到这些近邻的影响,形成各自不同的语音和词汇特点,因此郊区方言内部的差别要比城区大得多、复杂得多。不但镇与镇之间的方言有差别,同一个镇的村与村之间也有不同程度的差别。比如同是东山,镇上人将古流摄开口一三等字的韵母读成[ei],而东山杨湾村的人却读[ɘ],听起来就完全不同。可见郊区方言内部的差别有多大。若能从这些繁复的语音差异中找到规律,并据此对苏州郊区方言做一个科学的分区,那将对理清苏州郊区、城区乃至周边城市方言的相互关系与相互影响具有深远的意义。

二、研究内容、思路及创新之处

本研究将突破传统方言学以静态描写为主的研究思路,将方言学与实验语音学、语言地理学、社会语言学相结合,对苏州郊区不同地区的共时变异和同一地区的历时变化,以及苏州郊区与城区乃至周边城市的异同与关联加以分析比较,试图呈现的是既有横向的又有纵向的动态变化过程,并力图从这些夹杂着历时与共时变异,看似凌乱无序、不规整的音变状态中找出一定的规律来,为语言变化问题寻找各个方面的依据,从而保证结论的客观性和现实性。在调查分析的基础上,采用语言接触理论、语言变异理论、词汇扩散论、方言地理学理论等对一些音变现象做出适当的解释,从理论上探索语言共时和历时的演变规律和过程,并力图对苏州郊区方言进行较详细、科学的分区。

三、调查和研究方法

(一) 传统方言学的方法

本项研究以传统的方言调查法为基础,即在每个点寻找一至两位合适的发音人读调查字表,主要用于考察郊区各个点的方言情况。但为了避免传统方言调查方法(即耳辨手记)主观性较强的缺点,我们使用潘悟云、李龙先生研发的语言田野调查系统TFW(Tools for Field Work)进行电脑录音调

查,录音设备简介如下:

录音设备:联想笔记本电脑

话筒:心形指向 AKG C420

声卡:Sound Devices USBPre Microphone Interface

录音信噪比:60dB 以上

声音文件存储格式:32KHz 采样率、16bit 采样精度、单声道 Windows PCM(wav)格式

录音完成以后,根据电脑上的录音反复听辨后记音,并整理出各个点的声母、韵母、声调系统。

本研究的语料都是笔者采用以上方法历时三年(2009—2011)亲自田野调查所得的第一手材料。调查字表以中国社会科学院语言研究所编的《方言调查字表》(1999)为基本,调查声、韵、调;苏州方言音系采用汪平先生《苏州方言语音研究》(1996)的系统,各调查点所选用的语言(包括语音和词汇)特征以叶祥苓先生在《苏州方言志》(1988)、《吴县方言志》(1987)和《苏州方言地图集》(1981)中所列语言特征为基础,适当增删。调查内容以声、韵、调为主,还涉及一些苏州内部有差异的词汇,比如人称代词、指示代词、亲属称谓名词、时间名词等。

(二)实验语音学的方法

本研究虽不是专门的实验语音学的论文,但为了对方言语音的共时差异有更加直观和理性的认识,而不仅仅停留在听感的层次上,也将根据需要采用实验语音学的方法进行更为细致的声学分析和描写。主要表现在:

(1)对一些很难辨识的音(如"来""雷""篮"三个字的发音),我们使用实验语音学的常用软件 Praat(版本 4.2.14)进行实验分析并制作语图、声学元音图。元音的主要声学参数集中在 5000Hz 以下,辅音的声学参数涉及 5000—10000Hz 频率区域,因此所有韵母的语图显示频率范围为 0—5000Hz,声母的语图显示频率范围为 0—10000Hz。

我们知道元音音色的不同主要是由共振峰(formant)的不同频率决定的,共振峰在时频分析的语图上表现为浓重的黑色条纹。其中第一共振峰 F_1、第二共振峰 F_2 和第三共振峰 F_3 最为重要,在声学语音上就是根据这三个共振峰的位置来区分不同的元音的。对于声腔、共振峰频率和元音音色三者的关系,林焘、王理嘉(1992)总结如下:

① F_1 和舌位高低密切相关。舌位高,则 F_1 就低;舌位低,F_1 就高。

②F2和舌位前后密切相关。舌位靠前,F2就高;舌位靠后,F2就低。

③F3和嘴唇的圆展相关。圆唇一般是通过F2和F3的降低来体现的。

(2)为了明确郊区舌尖后音的发音部位,我们对车坊话[ts tsʰ s z]和[tʂ tʂʰ ʂ ʐ]这两套声母做了静态舌面位置和颚位实验调查,此实验参考Ladefoged(1957)和Dart(1991)介绍的静态舌面位置和颚位调查方法进行。

(3)关于声调的处理,我们参考林茂灿的研究结论,即"浊辅音(包括鼻音、边音)声母,介音及元音、鼻音韵尾跟主要元音一样都有基频表现。这些属于F0曲线的弯头段和降尾段,人耳是无法感知的,只有切除了弯头降尾段的调型段才是真正的声调负载段,即只有主要元音及其过渡段,才能起到区别声调的作用,负载有用的音高信息"(林茂灿1996:159-173)。因此,我们取主要元音和韵尾时长段的10个基频值,对所得基频数据进行处理和修改,然后将其导入Excel表格,求得各声调10个点的基频均值,制作出各自的基频均值曲线图。本研究中车坊、通安等地的声调图都是用这种方法制作的。

(三)方言地理学的方法

比利时学者贺登崧先生(2003)著,石汝杰、岩田礼先生翻译的《汉语方言地理学》是贺登崧在对中国华北部分地区亲自进行方言调查的基础上写的,他提倡的方言地理学的理论是方言研究的一种重要方法。本研究也参考这种方法对苏州郊区方言进行调查和研究,将一些有突出特点的语音和词汇制作成方言地图和同言线地图,并分析其分布,通过对方言地图的解释来理清因历史变化而形成的连续层中的新旧层次,一种变化从一个区域向另一个区域传播的形态。但由于笔者不是专业学习方言地理学的,因此不会使用专业的地图制作软件(如CorelDraw、Wonderland等),本研究中的方言地图都是用Photoshop和Windows的画图工具制作而成。

四、调查点及主要发音人

原吴县辖37个乡镇,每个乡镇都有几十个自然村,叶祥苓先生曾于1980年对吴县各乡做面上的调查,共调查了263个点,每个点只调查一些苏州内部有差别的条目。笔者参考叶祥苓先生调查过的乡镇,选择其中较为有代表性的 32 个乡镇共 34 个点①作为本研究的调查点。

如图 1-2 所示,34 个调查点分布在苏州郊区东南西北四个行政区,具体如下:

工业园区(东面):唯亭、胜浦、斜塘、娄葑。

吴中区(东南、西南至西面):甪直、车坊、郭巷、越溪、横泾、浦庄、渡村、东山镇、东山杨湾村、西山②、太湖、光福、藏书、香山梅舍村、香山渔帆村、木渎、镇湖。

高新区(西面):东渚、通安、浒关、枫桥。

相城区(北面):陆慕③、蠡口、黄桥、渭塘、北桥、东桥、望亭、太平、油泾。

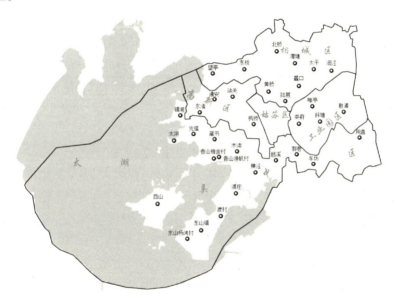

图 1-2　调查点分布图

---

① 原吴县共辖 37 个乡镇,笔者调查了 32 个乡镇,有 5 个乡镇没有找到发音人,因此未能进行调查,这 5 个乡镇分别是:跨塘、横塘、长桥、黄埭、湘城。笔者实际调查了 36 个点,其中木渎和枫桥各调查了 2 个点,但由于木渎镇和枫桥镇的发音跟苏州城区几乎完全相同,故不列为本研究的调查点;香山调查了两个村——梅舍村和渔帆村,此二村发音有部分不同,故分作两个点;东山镇和东山杨湾村的发音也有差异,故也分作两个点;其余各乡镇都只调查了一个点、一位发音人。

② 因"日落西山"不吉利,"西山"现已改名"金庭",但苏州人还是习惯叫它"西山"。

③ 原名"陆墓",相传因唐朝德宗贞元年间宰相陆贽葬此而得名,但因"墓"字忌讳,后将"陆墓"更名为"陆慕"。

本研究共有34个调查点,由于时间和工作量的关系,每个调查点只能选择一至两位发音人作为代表,每位发音人的调查时间为一天。我们尽量选择住在村里的、50岁以上、从未离开过当地、受外界影响较少、能熟练而地道地发本地方音的人来作为发音人。但由于时代的发展、行政区划的变化,苏州郊区的农村现已发展成现代化的城市,原来的一些村现在已经不存在或者发展成街道、社区了,很多当地的农民也都搬走了,要找到从未离开过当地的村里人并不是一件易事,因此有些调查点只能找到当地镇上的人。另外,由于农村教育程度普遍较低,很多乡镇50岁以上的人不识字,不识字就很难进行调查,因此有些调查点不得不找年纪较轻一点儿的发音人。

本研究发音人的具体信息如下:

工业园区:

沈　及,唯亭镇人,男,1946年出生,中学退休教师,大学文化

马觐伯,胜浦宋巷村人,男,1941年出生,当地文化站副站长,初中文化

罗林泉,斜塘金家也村人,男,1952年出生,民办小学教师,初中文化

潘祥男,娄葑星红村人,男,1954年出生,生产队队长,初中文化

吴中区:

顾兴根,甪直板桥村人,男,1962年出生,木匠,初中文化

赵金根,车坊塘浜村人,男,1948年出生,退役军人,中专文化

顾　明,郭巷戈湾村人,男,1979年出生,个体老板,高中文化

朱木英,越溪张桥村人,男,1953年出生,供销社退休职工,初中文化

孙慧英,横泾镇人,女,1944年出生,粮管所退休职工,初中文化

倪继新,浦庄东吴村人,男,1971年出生,公司职员,大专文化

龚福康,渡村牛桥村人,男,1947年出生,中学退休教师,大专文化

杨惠英,东山镇人,女,1955年出生,会计,高中文化

黄和林,东山杨湾村人,男,1946年出生,退休职工,高中文化

黄玉宝,西山石公秉场村人,男,1940年出生,供销社职工,初中文化

张曲奇,太湖湖中村人,男,1980年出生,公司职员,大学文化

凌人健,光福镇人,男,1949年出生,工人,大专文化

董习男,藏书天池村人,男,1946年出生,小学退休教师,中专文化

蒯岐生,香山渔帆村人,男,1932年出生,书法家,小学文化

蒯根泉,香山梅舍村人,男,1957年出生,木匠,初中文化

王全珍,木渎王家村人,女,1964年出生,自来水厂职工,大专文化

王美珍,木渎镇人,女,1947年出生,自来水厂职工,大专文化;
高新(虎丘)区:
周文明,镇湖马山村人,男,1981年出生,派出所辅警,大专文化
马琼华,东渚大市村人,女,1976年出生,绣娘,初中文化
缪长根,通安八窑村人,男,1963年出生,派出所辅警,初中文化
华建明,浒关保丰村人,男,1957年出生,派出所辅警,大专文化
赵洪良,枫桥三联村人,男,1973年出生,个体老板,高中文化
薛　峰,枫桥镇人,男,1946年出生,公司经理,大专文化;
相城区:
华瑞娟,陆慕镇人,女,1955年出生,元和街道社区副主任,高中文化
罗　燕,蠡口蠡东村人,女,1979年出生,营业员,初中文化
周冰妹,黄桥占上村人,女,1950年出生,小学退休教师,中师文化
殳明峰,渭塘场角村人,男,1973年出生,个体老板,高中文化
严金法,北桥庄基村人,男,1951年出生,工人,初中文化
朱大男,东桥埝桥村人,男,1958年出生,泥水匠,小学文化
徐根龙,望亭吴泗泾村,男,1952年出生,派出所调解员,小学文化
顾金根,太平蛆山村人,男,1948年出生,百货店老板,小学文化
王炳福,泖泾清水村人,男,1963年出生,公务员,大专文化

第二章 语音

第一节 各点音系

一、唯亭

（一）声母 26 个

p	布	pʰ	潘	b	白	m	米问①	f	飞翻	v 饭万
t	多	tʰ	天	d	田	n	难			l 老
ts	招张纸嘴	tsʰ	吵窗拆吹					s	少说细诗	z 字尝时十
tɕ	鸡九	tɕʰ	轻欠	dʑ	跪轴	nʲ	女儿银	ɕ	香	
k	高	kʰ	肯	g	共	ŋ	软藕	h	好灰	
ø	河②晏有									

（二）韵母 44 个

ɿ	四字师纸是	i	死李肺	u	布破付	y	女贵鳜雨
ʅ	猪水吹嘴时视						
ɑ	家茄奶戴抓	iɑ	姐佳亚	uɑ	快		
æ	刀老烧	iæ	小腰桥				
E	来蓝散山胆减			uE	弯筷关		
ø	暗男船酒秋锈			uø	碗官	yø	九牛休有油圆
o	马画遮	io	靴				
		ɪ	染天				
ei	雷岁美追头手			uei	会桂亏		
ɐu	数大河火虎						

---

① 字下加单线的是白读，加双线的是文读。下同。

② 由于在非起首位置上，无论逢什么调值，[ʔ-]与[ɦ-]的区别消失，一律变为喉头摩擦极小的带音声母，二者不能区别意义，因此我们将[ɦ-]并入零声母(汪平 1996:3)。

ã	掌创樟商肠	iã	羊墙				
ũ	庄唱伤尝	iũ	旺腔	uũ	光黄		
ən	陈门等村	in	寻人冰听	uən	滚温	yn	云军
oŋ	风东农共	ioŋ	用荣浓				
aʔ	鸭发瞎	iaʔ	甲	uaʔ	滑刮		
ɑʔ	着麦尺	iɑʔ	脚药				
əʔ	黑责出说脱佛月	ieʔ	接立日雪逼吃	ueʔ	骨国活阔	yeʔ	缺橘菊疫
oʔ	落福学北	ioʔ	确局玉浴				
∅	儿无亩五鱼						

说明：[u]韵逢舌根音声母念[u]，逢唇音[p pʰ]念[β]，逢[f v]念[v]，这里一律记作[u]（下同）。

（三）声调8个

代号	声调	调值	例字	代号	声调	调值	例字
1	阴平	44	诗高筋粗天边	2	阳平	223	穷唐陈图难云
3	阴上	51	死等早古草苦	4	阳上	231	范动近五女老
5	阴去	512	对半退判四伞	6	阳去	2312	饭洞住大硬路
7	阴入	5	接谷七哭百一	8	阳入	23	读六掘白药月

二、胜浦

（一）声母30个

p	布	pʰ	潘	b	白	m	米问	f	飞翻	v	饭万
t	多	tʰ	天	d	田	n	难			l	老
ts	招张纸	tsʰ	窗拆吵					s	少说细	z	字尝十
tʂᶣ①	嘴知猪	tʂʰᶣ	吹鼠处					ʂᶣ	诗水书	zᶣ	时池住
tɕ	鸡九	tɕʰ	轻欠	dʑ	跪轴	ɲ	女儿银	ç	香		
k	高	kʰ	肯	g	共	ŋ	软藕	h	好灰		
∅	河晏有										

说明：[tʂᶣ]组声母只与舌尖后圆唇韵母[ʮ]结合。

---

① [tʂᶣ]等右上角的ᶣ只是表示声母圆唇的符号，而不是元音符号。下同。

（二）韵母 44 个

ɿ	四字师纸是视	i	死李雨贵鳜跪	u	布破付	y	女
ʮ	书诗吹嘴住时						
ɑ	家茄奶戴抓	iɑ	姐佳亚	uɑ	快		
æ	刀老烧	iæ	小腰桥				
E	来蓝散山胆减			uE	弯筷关		
ø	暗男船酒秋锈			uø	碗官	ʏø	九牛休有油圆
o	马画遮	io	靴				
		ɪ	染天				
ei	雷岁美追头手			uei	会桂亏		
əu	数大						
ã	掌创商肠	iã	羊墙				
ũ	庄樟唱伤尝	iũ	旺腔	uũ	光黄		
ən	陈门等村	in	寻人冰听云军	uən	滚温		
oŋ	风东农共	ioŋ	用荣浓				
aʔ	鸭发瞎	iaʔ	甲	uaʔ	滑刮		
ɑʔ	着麦尺	iɑʔ	脚药				
əʔ	黑出说脱佛北	iəʔ	接立日雪逼吃				
oʔ	落福学	ioʔ	确局玉浴	uoʔ	骨国或活		
øʔ	合脱月					ʏøʔ	缺橘菊疫
∅	儿无亩五鱼						

（三）声调 7 个

代号	声调	调值	例字	代号	声调	调值	例字
1	阴平	44	诗高筋粗天边	2	阳平	223	穷唐陈图难云
3	阴上	51	死等早古草苦	4	阳上	231	动买洞卖退判
5	阴去	523	对半剑镇四伞				
7	阴入	54	接谷七哭百一	8	阳入	23	读六掘白药月

三、斜塘

（一）声母 26 个

p	布	pʰ	潘	b	白	m	米问	f	飞翻	v	饭万
t	多	tʰ	天	d	田	n	难			l	老
ts	招张纸嘴	tsʰ	吵窗拆吹					s	少说细诗	z	字尝时十

tɕ 鸡九	tɕʰ 轻欠	dʑ 跪轴	ɲ 女儿银	ɕ 香
k 高	kʰ 肯	g 共	ŋ 软藕	h 好灰
∅ 河晏有				

（二）韵母 43 个

ɿ 四字师纸是视	i 死李肺	u 布破付		y 女贵鳜雨
ʮ 猪水吹嘴住时				
ɑ 家茄奶戴抓	iɑ 姐佳亚	uɑ 快		
æ 刀老烧	iæ 小腰桥			
E 来蓝散山胆减		uE 弯筷关		
ø 暗男船		uø 碗官		yø 圆权
o 马画遮	io 靴			
	I 染天		Y 九牛休有油酒秋锈	
ei 雷岁美追头手		uei 会桂亏		
əu 数大河火				
ã 掌厂商肠	iã 羊墙			
ũ 庄唱创伤尝	iũ 旺腔	uã 光黄		
ən 陈门等村	in 寻人冰听云军	uən 滚温		
oŋ 风东农共	ioŋ 用荣浓			
aʔ 鸭发瞎尺	iaʔ 嚼	uaʔ 滑刮		
ɑʔ 着麦	iɑʔ 脚药甲			
əʔ 黑责出说脱佛	iəʔ 接立日雪逼吃			
oʔ 落福学北月	ioʔ 确缺橘菊玉浴	uoʔ 骨国或活阔		
∅ 儿无亩五鱼				

（三）声调 8 个

代号	声调	调值	例字	代号	声调	调值	例字
1	阴平	44	诗高筋粗天边	2	阳平	223	穷唐陈图难云
3	阴上	51	死等早古草苦	4	阳上	231	范动近五女老
5	阴去	523	对半退判四伞	6	阳去	2323	饭洞住大硬路
7	阴入	54	接谷七哭百一	8	阳入	23	读六掘白药月

四、娄葑

（一）声母 27 个

p	布	pʰ	潘	b	白	m	米问	f	飞翻	v	饭万
t	多	tʰ	天	d	田	n	难			s	少细诗塞	z	字尝时十
ts	招张纸嘴	tsʰ	吵窗拆吹										
								sʮ①	说				
tɕ	鸡九	tɕʰ	轻欠	dʑ	跪轴	ɲ	女儿银	ç	香		
k	高	kʰ	肯	g	共	ŋ	软藕	h	好灰		
ø	河晏有										

说明：在本文调查的所有字中只有"说"还存留带有圆唇动作的[sʮ]声母。

（二）韵母 44 个

ɿ	四诗知视时迟	i	死李肺雨	u	布破付	y	女贵鳜
ʮ	书猪住水嘴吹						
ɑ	家茄奶戴抓	iɑ	姐佳亚	uɑ	快		
æ	刀老烧	iæ	小腰桥				
E	来蓝散山胆减			uE	弯筷关		
ø	暗男船酒秋锈			uø	碗官	yø	九牛休有油圆
o	马画遮	io	靴				
		ɿ	染天				
ei	雷岁美追头手			uei	会桂亏		
əu	数大						
ã	掌厂商	iã	羊墙				
ũ	庄唱伤尝肠	iũ	旺腔	uũ	光黄		
ən	陈门等村	in	寻人冰听	uən	滚温	yn	云军
oŋ	风东农共	ioŋ	用荣浓				
aʔ	鸭发瞎	iaʔ	甲	uaʔ	滑刮		
ɑʔ	着麦尺	iɑʔ	脚药				
əʔ	黑责出说	iəʔ	接立日雪逼吃			yəʔ	疫役
oʔ	落福学北脱佛月	ioʔ	确缺橘菊玉浴	uoʔ	骨国或活扩		
ø	儿无亩五鱼						

---

① [sʮ]右上角的 ʮ 只是表示声母圆唇的符号，而不是元音符号。下同。

(三) 声调 7 个

代号	声调	调值	例字	代号	声调	调值	例字
1	阴平	44	诗高筋粗天边	2	阳平	223	穷唐陈图难云
3	阴上	51	死等早古好比	4	阳上	231	动买草苦洞卖退判
5	阴去	512	对半剑镇四伞				
7	阴入	5	接谷七哭百一	8	阳入	23	读六掘白药月

五、甪直

(一) 声母 30 个

p	布	pʰ	潘	b	白	m	米问	f	飞翻	v	饭万
t	多	tʰ	天	d	田	n	难			l	老
ts	招张纸	tsʰ	窗拆吵					s	少说细	z	字尝十
tʂʷ	嘴知猪	tʂʰʷ	吹鼠处					ʂʷ	诗水书	zʷ	时住侍
tɕ	鸡九	tɕʰ	轻欠	dʑ	跪轴	ȵ	女儿银	ɕ	香		
k	高	kʰ	肯	g	共	ŋ	软藕	h	好灰		
ø	河晏有										

说明：[tʂʷ]组声母只与舌尖后圆唇韵母[ʮ]结合。

(二) 韵母 43 个

ɿ	四字纸是视	i	死李雨贵跪女	u	布破付		
ʅ	鲥			ʮ	猪嘴吹水住时		
ɑ	家茄奶戴抓	iɑ	姐佳亚	uɑ	快		
æ	刀老烧	iæ	小腰桥				
E	来蓝散山胆减			uE	弯筷关		
ø	暗男州臭手绸			uø	碗官		
o	马画遮	io	靴				
		ɿ	染天	Y	九牛有油圆酒秋		
ei	雷岁美头瘦儿			uei	会桂亏		
əu	数大						
ã	掌樟厂商	iã	羊墙				
õ	庄唱伤尝肠	iõ	旺腔	uã	光黄		
ən	陈门等村	in	寻人冰听云军	uən	滚温		
oŋ	风东农共	ioŋ	用荣浓				
aʔ	鸭发瞎	iaʔ	甲	uaʔ	滑刮		

aʔ	着麦尺	iaʔ	脚药				
əʔ	黑出说脱佛<u>月</u>	iəʔ	接立日雪逼吃	uəʔ	骨国或活阔	yəʔ	缺橘菊
oʔ	落福<u>学</u>北	ioʔ	确局玉浴				
Ø	<u>无亩五鱼</u>						

(三) 声调 10 个

代号	声调	调值	例字	代号	声调	调值	例字
1	阴平	44	诗高筋粗天边	2	阳平	223	穷唐陈图难云
3	阴上	51	死等早古好比				
3′	次阴上	41	草苦口普	4	阳上	231	范动近五女老
5	阴去	523	对半退判四伞	6	阳去	2323	饭洞住大硬路
7	阴入	5	接谷百一				
7′	次阴入	4	七哭屈尺	8	阳入	<u>23</u>	读六掘药

六、车坊

(一) 声母 30 个

p	布	pʰ	潘	b	白	m	米问	f	飞翻	v	饭万
t	多	tʰ	天	d	田	n	难			l	老
ts	糟张纸	tsʰ	仓拆初					s	骚塞细	z	字尝徐
tʂᵘ	招捉嘴	tʂʰᵘ	窗触吹					ʂᵘ	烧说诗	zᵘ	床时十
tɕ	鸡剑	tɕʰ	轻欠	dʑ	跪轴	ɲ	女<u>儿</u>银	ɕ	香		
k	高	kʰ	肯	g	共	ŋ	软藕	h	好灰		
Ø	河晏有										

(二) 韵母 44 个

ɿ	四字纸是视	i	死李肺徐	u	布破付	y	女贵鳜雨
ʅ	猪嘴吹水住时						
ɑ	<u>家</u>茄奶戴抓	iɑ	<u>姐</u>佳亚	uɑ	快		
ʌ	刀老烧	iʌ	腰桥				
E	来蓝散山胆减			uE	弯筷关		
ø	暗男船			uø	碗官	ɤø	圆权
o	马画遮	io	靴				
		ɪ	<u>染</u>天	Y	九牛有休油酒秋修狗口		
ei	雷妹岁追头手			uei	会桂亏		

əu 数大河火
ã 掌厂商肠　　　iã 羊腔墙
ɑ̃ 樟唱伤尝　　　iɑ̃ 旺　　　　　　uɑ̃ 光黄
ən 深门等村　　　in 寻人冰听云军　　uən 滚温
oŋ 风东农共　　　ioŋ 用荣浓
aʔ 鸭发瞎　　　　iaʔ 甲　　　　　　uaʔ 滑刮
ɑʔ 着麦尺　　　　iɑʔ 脚药
əʔ 十黑责出说杂　iəʔ 接立日雪逼吃　uəʔ 骨国或
oʔ 落福学脱佛月　ioʔ 缺橘疫确玉决　uoʔ 活阔扩
ø 儿无亩五鱼

说明：1. 韵母[ɑ̃]逢[tʂ]组声母时受声母圆唇的影响，也有点圆，接近圆唇的[ɒ̃]。

　　　2. [iʌ]不稳定，有些字发成[iæ]，但不区别意义，故这里一律记作[iʌ]。

（三）声调 10 个

代号	声调	调值	例字	代号	声调	调值	例字
1	阴平	44	诗高筋粗天边	2	阳平	223	穷唐陈图难云
3	阴上	51	死等早古	4	阳上	231	草苦近范买五
5	阴去	512	对半剑过四伞				
5′	次阴去	313	退判欠课怕唱	6	阳去	2312	饭卖洞大硬路
7	阴入	54	接谷百一				
7′	次阴入	34	七哭屈尺	8	阳入	23	读六掘药

说明：次阴去大多读 313，少数读 312，但不区别意义，故一律归入次阴去，记作 313。

七、郭巷

（一）声母 30 个

p 布　　　　pʰ 潘　　　　b 白　　　　m 米问　　　　f 飞翻　　　v 饭万
t 多　　　　tʰ 天　　　　d 田　　　　n 难　　　　　　　　　　　l 老
ts 糟张纸　　tsʰ 仓拆初　　　　　　　　　　　　　　　s 骚塞细　　z 字尝徐
tʂ 装枕嘴　　tʂʰ 窗吹出　　　　　　　　　　　　　　　ʂ 烧说诗　　ʐ 床时十
tɕ 鸡剑　　　tɕʰ 轻欠　　　dʑ 跪轴　　ȵ 女儿银　　　ɕ 香
k 高　　　　kʰ 肯　　　　g 共　　　　ŋ 软藕　　　　　h 好灰
ø 河晏有

（二）韵母 42 个

ɿ	四死纸是	i	李肺徐	u	布破付	y	女贵鳜雨
ʅ	视尸			ʮ	水嘴吹住时		
ɑ	家茄奶戴抓	iɑ	姐佳亚	uɑ	快		
ɛ	蓝淡喊兰蛋山			uɛ	关惯弯环		
ʌ	刀老烧	iʌ	腰桥条				
E	来雷岁美追			uE	筷会桂亏		
ø	暗船头狗手酒			uø	碗官	ɤø	九牛休有油圆
o	马画遮	io	靴				
		l̩	染天				
ei	藕瘦愁皱						
əu	数大河火湖虎						
ã	掌厂商肠	iã	羊墙				
ũ	樟昌唱创伤尝	iũ	旺腔	uũ	光黄		
ən	深门等风东农	in	寻人云军用浓	uən	滚温		
aʔ	鸭发瞎	iaʔ	嚼	uaʔ	滑刮		
ɑʔ	着麦尺	iɑʔ	脚药甲				
əʔ	十黑责出说月	iəʔ	接立日雪逼吃	uəʔ	骨国或活扩		
oʔ	落福学北脱佛	ioʔ	确缺橘菊玉浴				
ɚ	儿亩鱼						

说明：[iʌ]不稳定，有些字发成[iæ]，但不区别意义，故这里一律记作[iʌ]。

（三）声调 8 个

代号	声调	调值	例字	代号	声调	调值	例字
1	阴平	44	诗高筋粗天边	2	阳平	223	穷唐陈图难云
3	阴上	51	死等早古	4	阳上	231	草苦范动买五
5	阴去	523	对半四伞	6	阳去	2312	退判饭洞硬路
7	阴入	5	接谷百一	8	阳入	23	七哭读六药月

八、越溪

（一）声母 32 个

p	布	pʰ	潘	b	白	m	米问	f	飞翻	v	饭万
t	多	tʰ	天	d	田	n	难			l	老

ts	纸葬皱	tsʰ	吵衬测	dz	从藏财	s	桑瘦塞	z 字尝徐
tsʮ	招庄咒	tsʰʮ	超趁出	dzʮ	乘状绸	sʮ	双手说	zʮ 成床十
tɕ	鸡九	tɕʰ	轻欠	dʑ	跪轴	ɲ	女儿银	ɕ 香
k	高	kʰ	肯	g	共	ŋ	软藕	h 好灰
ø	河晏有							

说明：带有圆唇动作的[tsʮ]组声母保存较完整。

（二）韵母43个

ɿ	四纸诗是视时	i	死李肺徐	u	布破付	y	女贵鳜雨
ʮ	书猪水嘴吹住						
ɑ	家茄奶戴抓	iɑ	姐佳亚	uɑ	快		
ɛ	蓝淡喊兰蛋山			uɛ	关惯弯环		
ʌ	刀老烧	iʌ	腰桥条				
E	来雷岁美追			uE	筷会桂亏		
ø	暗男船			uø	碗官	ʏø	九牛休有油圆
o	马画遮	io	靴				
		ɿ	染天				
ei	头狗手瘦酒秋						
əu	数大河火						
ã	掌昌肠	iã	羊墙腔				
ũ	樟唱创商伤尝	iũ	旺	uũ	光黄		
ən	陈门等风东农	in	寻人冰用荣浓	uən	滚温	yn	云军
aʔ	鸭发瞎刷	iaʔ	甲	uaʔ	滑刮		
ɑʔ	着麦尺	iɑʔ	脚药				
əʔ	黑出说脱佛月	iəʔ	接立日雪逼吃	uəʔ	骨国或活	yəʔ	缺掘疫
oʔ	落福学北	ioʔ	确屈橘菊玉浴				
ø	儿无亩五鱼						

说明：[iʌ]不稳定，有些字发成[iæ]，但不区别意义，故这里一律记作[iʌ]。

（三）声调9个

代号	声调	调值	例字	代号	声调	调值	例字
1	阴平	44	诗高筋粗天边	2	阳平	223	穷唐陈图难云
3	阴上	51	死等早古	4	阳上	232	草苦范动买五
5	阴去	523	对半四伞	6	阳去	231	退判饭洞硬路

代号	声调	调值	例字	代号	声调	调值	例字
7	阴入	5	接谷百一				
7′	次阴入	4	七哭屈尺	8	阳入	23	读六掘药

九、横泾

(一) 声母 26 个

p	布	pʰ	潘	b	白	m	米问	f	飞翻	v	饭万
t	多	tʰ	天	d	田	n	难			l	老
ts	招张纸嘴	tsʰ	吵窗拆吹					s	少说细诗	z	字尝时十
tɕ	鸡九	tɕʰ	轻欠	dʑ	跪轴	ȵ	女儿银	ɕ	香		
k	高	kʰ	肯	g	共	ŋ	软藕	h	好灰		
∅	河晏有										

(二) 韵母 39 个

ɿ	四字师纸是	i	死李肺徐	u	布破付	y	女贵鳜雨
ʅ	猪诗嘴吹视时						
ɑ	家茄奶戴抓	iɑ	姐佳亚	uɑ	快		
ʌ	刀老烧	iʌ	腰桥条				
E	来雷蓝岁美追			uE	弯筷会桂亏		
ə	暗船头狗手酒			uø	碗官	yø	九牛休有油圆
o	马画遮	io	靴				
		I	染天				
əu	数大河火湖虎						
ã	掌昌商肠	iã	羊墙腔				
ɑ̃	樟唱创伤尝	iɑ̃	旺	uɑ̃	光黄		
ən	陈门等风东农	in	寻人用浓云军	uən	滚温		
aʔ	鸭发瞎刷黑	iaʔ	甲	uaʔ	滑刮		
ɑʔ	着麦尺	iɑʔ	脚药				
əʔ	十出说脱佛月	iəʔ	接立日雪逼吃	uəʔ	骨国或活	yəʔ	缺屈掘橘菊疫
oʔ	落福学北	ioʔ	确局玉浴				
∅	儿无亩五鱼						

说明：1. [iʌ]不稳定，有些字发成[iæ]，但不区别意义，故这里一律记作[iʌ]。

2. [ə]是介于[ø]与[ɤ]之间的不圆唇央元音，实际发音还略有动程，但动程很小，故不再标示。

（三）声调 8 个

代号	声调	调值	例字	代号	声调	调值	例字
1	阴平	44	诗高筋粗天边	2	阳平	223	穷唐陈图难云
3	阴上	51	早古死对过四				
3′	次阴上	22	草苦口普	4	阳上	231	动老洞路退课
7	阴入	54	接谷百一				
7′	次阴入	34	七哭屈尺	8	阳入	23	读六掘药

十、浦庄

（一）声母 30 个

p	布	pʰ	潘	b	白	m	米问	f	飞翻	v	饭万
t	多	tʰ	天	d	田	n	难			l	老
ts	招张纸	tsʰ	窗拆吵					s	少说细	z	字尝十
tʂʷ	嘴知猪	tʂʰʷ	吹鼠处					ʂʷ	诗水书	zʷ	时池住
tɕ	鸡九	tɕʰ	轻欠	dʑ	跪轴	ȵ	女儿银	ç	香		
k	高	kʰ	肯	g	共	ŋ	软藕	h	好灰		
ø	河晏有										

说明：[tʂʷ]组声母只与舌尖后圆唇韵母[ʮ]结合。

（二）韵母 38 个

ɿ	四死字纸示是	i	李肺徐	u	布破付	y	女贵鳜雨
ʮ	猪诗嘴吹视时						
ɑ	家茄奶戴抓	iɑ	姐佳亚	uɑ	快		
ʌ	刀老烧	iʌ	腰桥条				
E	来雷蓝岁美追			uE	弯筷会桂亏		
ø	暗男头狗手酒			uø	碗官	yø	九牛有油圆靴
o	马画遮						
		ɪ	染天				
əu	数大河火						
ã	掌昌肠	iã	羊墙腔				
ũ	樟唱创商伤尝	iũ	旺	uã	光黄		
ən	陈门等风东农	in	寻人用浓云军	uən	滚温		
aʔ	鸭发瞎黑	iaʔ	嚼			uaʔ	滑刮

aʔ	着麦尺刷	iaʔ	脚药甲				
əʔ	十出说脱佛月	iəʔ	接立日雪逼吃	uəʔ	骨国或活	yəʔ	疫
oʔ	落福学北	ioʔ	确缺橘菊玉浴				
ø	儿无亩五鱼						

说明：[iʌ]不稳定，有些字发成[iæ]，但不区别意义，故这里一律记作[iʌ]。

（三）声调 7 个

代号	声调	调值	例字	代号	声调	调值	例字
1	阴平	44	诗高筋粗天边	2	阳平	223	穷唐陈图难云
3	阴上	51	早古死对过四				
3′	次阴上	22	草苦口普	4	阳上	231	动老洞路退课
7	阴入	5	接谷百一	8	阳入	23	七哭屈读六药

十一、渡村

（一）声母 27 个

p	布	pʰ	潘	b	白	m	米问	f	飞翻	v	饭万
t	多	tʰ	天	d	田	n	难			l	老
ts	招张纸嘴	tsʰ	吵窗拆吹					s	少细诗	z	字尝时十
								sᵝ	说		
tɕ	鸡九	tɕʰ	轻欠	dʑ	跪轴	ȵ	女儿银	ɕ	香		
k	高	kʰ	肯	g	共	ŋ	软藕	h	好灰		
ø	河晏有										

说明：在本研究调查的所有字中只有"说"还存留带有圆唇动作的[sᵝ]声母。

（二）韵母 44 个

ɿ	四字纸视时示	i	死李肺徐	u	布破付	y	女贵鳜雨
ʮ	书猪诗嘴吹住						
ɑ	家茄奶戴抓	iɑ	姐佳亚	uɑ	快		
ʌ	刀老烧	iʌ	腰桥条				
ɛ	蓝淡喊兰蛋山			uɛ	关惯弯环		
E	来雷岁美追			uE	筷会桂亏		
ø	暗男船			uø	碗官	yø	圆权
o	马画遮	io	靴				
ɿ	染天					Y	九牛有休油

øɤ	头狗手瘦酒秋
ou	数大河火湖虎

ã	掌昌肠	iã	羊墙腔		
ũ	樟唱创商伤尝	iũ	旺	uã	光黄
ən	陈门等	in	寻人用浓云军	uən	滚温
oŋ	风东农共	ioŋ	用荣浓		
aʔ	鸭发瞎黑	iaʔ	甲	uaʔ	滑刮
ɑʔ	着麦尺	iɑʔ	脚药		
əʔ	十出说脱佛月	iəʔ	接立日雪逼吃	uəʔ	骨国或活
oʔ	落福学北	ioʔ	确缺橘菊玉浴		
ø	儿无亩五鱼				

（三）声调 6 个

代号	声调	调值	例字	代号	声调	调值	例字
1	阴平	44	诗高筋粗天边	2	阳平	223	穷唐陈图难云
3	阴上	51	早古死对过四	4	阳上	231	动买草苦洞卖退课
7	阴入	5	接谷百一	8	阳入	23	七哭屈读六药

十二、东山镇

（一）声母 27 个

p	布	pʰ	潘	b	白	m	米问	f	飞翻	v	饭万
t	多	tʰ	天	d	田	n	难			l	老
ts	招张纸嘴	tsʰ	吵窗拆吹	dz	从茶住			s	少说细诗	z	字尝时十
tɕ	鸡九	tɕʰ	轻欠	dʑ	跪轴	ȵ	女儿银	ɕ	香		
k	高	kʰ	肯	g	共	ŋ	藕	h	好灰		
∅	河晏有										

（二）韵母 42 个

ɿ	四字纸猪诗时	i	死李肺徐姐	u	布破付	y	女贵雨靴
ʮ	水嘴住除锄梳						
a	家茄奶戴抓晒	ia	姐佳亚	ua	快		
ɔ	刀老烧	iɔ	腰桥条				
E	来蓝兰山叹减			uE	弯筷关		
ø	暗男船伞蛋追			uø	碗官		
o	马画遮						

		I 染天		Y 九牛有油圆软	
ei 雷岁头手酒鱼			uei 会桂亏		
əu 数大河火湖虎					
ã 张厂肠		iã 羊墙腔			
õ 掌樟唱创伤尝		iõ 旺		uõ 光黄	
ən 陈门等		in 寻人		uən 滚温	yn 云军
oŋ 风东农共		ioŋ 用荣浓			
aʔ 鸭发瞎着麦尺		iaʔ 甲脚药		uaʔ 滑刮	
əʔ 十出说脱佛月		iəʔ 接立日雪逼吃		uəʔ 骨活阔	yəʔ 疫役
oʔ 落福学北		ioʔ 确缺橘菊玉浴		uoʔ 国或扩	
ø 儿无亩五					

（三）声调 8 个

代号	声调	调值	例字	代号	声调	调值	例字
1	阴平	51	诗高筋粗天边	2	阳平	2323	穷唐陈图难云
3	阴上	523	死等早古草苦	4	阳上	31	买动近五女老
5	去声	34	对半退判卖洞				
7	阴入	5	接谷百一				
7′	次阴入	4	七哭屈尺	8	阳入	3	读六掘药

十三、东山杨湾村

（一）声母 27 个

p 布	pʰ 潘	b 白	m 米问	f 飞翻	v 饭万
t 多	tʰ 天	d 田	n 难		l 老
ts 招张纸嘴	tsʰ 吵窗拆吹	dz 从茶住		s 少说细诗	z 字尝时十
tɕ 鸡九	tɕʰ 轻欠	dʑ 跪轴	ȵ 女儿银	ɕ 香	
k 高	kʰ 肯	g 共	ŋ 藕	h 好灰	
ø 河晏有					

（二）韵母 42 个

ɿ 四嘴处诗住除	i 死李肺徐姐	u 布破付	y 女贵雨
ʮ 书水猪			
a 家茄奶戴抓晒	ia 姐佳亚	ua 快	
ɔ 刀老烧	iɔ 腰桥条		

E　来蓝兰减　　　　　　　　uE　弯筷关
ə　暗船雷贪偷手　　　　　　uø　碗官
o　马画遮
　　　　　　　I　 染天　　　Y　九牛有油圆软
ei　背配陪妹美　　　　　　　uei　会桂亏
əu　数大河火
ã　张厂肠　　　　　iã　羊墙腔
ũ　掌樟唱创伤尝　　iũ　旺　　　　uũ　光黄
ən　陈门等　　　　 in　寻人　　　uən　滚温　　　yn　云军
oŋ　风东农共　　　 ioŋ　用荣浓
aʔ　鸭发瞎着麦尺　 iaʔ　甲脚药　 uaʔ　滑刮
əʔ　十出说脱佛月　 iəʔ　接立日雪逼吃　uəʔ　骨活阔　yəʔ　缺橘菊确曲疫
oʔ　落福学北　　　 ioʔ　玉浴局掘　uoʔ　国或扩
ø　儿无亩五

说明：[ə]是介于[ø]与[ɤ]之间的不圆唇央元音，实际发音还略有动程，但动程很小，故不再标示。

（三）声调8个

代号	声调	调值	例字	代号	声调	调值	例字
1	阴平	51	诗高筋粗天边	2	阳平	2323	穷唐陈图难云
3	阴上	523	死等早古草苦	4	阳上	31	买动近五女老
5	去声	34	对半退判卖洞				
7	阴入	5	接谷百一				
7′	次阴入	4	七哭屈尺	8	阳入	3	读六掘药

十四、西山

（一）声母31个

p　布　　　pʰ　潘　　　b　白　　　m　米问　　　f　飞翻　　　v　饭万
t　多　　　tʰ　天　　　d　田　　　n　难　　　　　　　　　　　l　老
ts　招张纸　tsʰ　吵窗拆　dz　重陈住　　　　　　　s　少细塞　　z　字尝财
tsʮ　枕准　 tsʰʮ　称出　　　　　　　　　　　　　sʮ　深说识　　zʮ　唇十直
tɕ　鸡九　 tɕʰ　轻欠　dʑ　跪轴　　ȵ　女儿银　　ɕ　香
k　高　　　kʰ　肯　　　g　共　　　ŋ　藕　　　　h　好灰

| ø | 河晏有 |

说明：保留带有圆唇动作的[tsʮ]组声母的字已不多。

（二）韵母 46 个

ɿ	四字师纸是	i	死李徐姐鱼	u	布破付	y	女贵雨靴
ʅ	猪水诗吹嘴时						
a	家茄奶戴抓晒	ia	姐佳亚	ua	快		
ɛ	蓝淡喊兰山	iɛ	染天	uɛ	关惯弯环		
ɔ	刀老烧	iɔ	腰桥条				
E	来雷岁美追			uE	筷会桂亏		
ø	暗男船伞蛋追			uø	碗官	yø	圆软
o	马画遮						
				Y	九牛有休油		
øY	头狗手瘦酒秋						
əu	数大河火虎狐						
ã	掌厂商肠	iã	羊墙				
õ	樟唱伤尝	iõ	旺腔	uõ	光黄		
ən	陈门等	in	寻人	uən	滚温	yn	云军
oŋ	风东农共	ioŋ	用荣浓				
aʔ	鸭发瞎黑刷	iaʔ	甲	uaʔ	滑刮		
ɑʔ	着麦尺	iɑʔ	脚药				
əʔ	十出说脱佛	iəʔ	接立日雪逼吃	uəʔ	阔	yəʔ	确缺橘菊且
oʔ	落福北	ioʔ	玉浴	uoʔ	骨国或活扩学		
ø̩	儿无亩五						

（三）声调 8 个

代号	声调	调值	例字	代号	声调	调值	例字
1	阴平	44	诗高筋粗天边	2	阳平	223	穷唐陈图难云
3	阴上	51	死等早古	4	阳上	231	草苦范动买五
5	去声	34	对半退判卖洞				
7	阴入	5	接谷百一				
7′	次阴入	4	七哭屈尺	8	阳入	3	读六掘药

十五、太湖

（一）声母 26 个

p	布	pʰ	潘	b	白	m	米问	f	飞翻	v 饭万
t	多	tʰ	天	d	田	n	难			l 老
ts	招张纸嘴	tsʰ	吵窗拆吹					s	少说细诗	z 字尝时十
tɕ	鸡九	tɕʰ	轻欠	dʑ	跪轴	ȵ	女儿银	ɕ	香	
k	高	kʰ	肯	g	共	ŋ	软藕	h	好灰	
ø	河晏有									

（二）韵母 39 个

ɿ	四字水猪嘴吹	i	死李徐跪雨	u	布破付	y	女靴
a	家茄奶戴抓	ia	姐佳亚	ua	快		
ʌ	刀老烧	iʌ	小腰桥				
E	来雷蓝岁美追			uE	弯筷关会亏鳏		
ø	暗男船			uø	碗官		
o	马画遮						
		ɪ	染天	Y	九牛休有油圆		
ei	头狗手瘦酒秋						
əu	数大河火						
ã	掌樟唱商伤尝	iã	羊墙腔	uã	光黄		
ən	陈门等村	in	寻人冰听	uən	滚温	yn	云军
oŋ	风东农共	ioŋ	用荣浓				
aʔ	鸭发瞎	iaʔ	甲	uaʔ	滑刮		
ɑʔ	着尺麦	iɑʔ	脚药				
əʔ	黑责出脱佛月	iəʔ	接立日雪逼吃	uəʔ	活阔学		
oʔ	落福北	ioʔ	缺确橘菊玉浴	uoʔ	骨国或		
ø̩	儿无亩五鱼						

说明：[iʌ]不稳定,有些字发成[iæ],但不区别意义,故这里一律记作[iʌ]。

（三）声调 8 个

代号	声调	调值	例字	代号	声调	调值	例字
1	阴平	44	诗高筋粗天边	2	阳平	223	穷唐陈图难云
3	阴上	51	死等早古	4	阳上	231	草苦范动五稻

代号	声调	调值	例字	代号	声调	调值	例字
5	阴去	512	对半退判四	6	阳去	2312	饭洞硬大住盗
7	阴入	54	接谷百一	8	阳入	34	七哭读六白药

十六、光福

（一）声母26个

p	布	pʰ	潘	b	白	m	米问	f	飞翻	v 饭万
t	多	tʰ	天	d	田	n	难			l 老
ts	招张纸嘴	tsʰ	吵窗拆吹					s	少说细诗	z 字尝时十
tɕ	鸡九	tɕʰ	轻欠	dʑ	跪轴	ȵ	女儿银	ɕ	香	
k	高	kʰ	肯	g	共	ŋ	软藕	h	好灰	
ø	河晏有									

（二）韵母44个

ɿ	四字师纸是	i	死李肺徐	u	布破付	y	女贵雨有油
ʮ	猪水吹嘴诗时						
ɑ	家茄奶戴抓	iɑ	姐佳亚	uɑ	快		
æ	刀老烧	iæ	小腰桥				
E	来雷蓝岁美追			uE	弯筷会桂亏		
ø	暗男船			uø	碗官	yø	圆权
o	马画遮	io	靴				
		I	染天			Y	九牛休
ei	头狗手瘦酒秋						
əu	数大河火湖虎						
ã	掌昌肠	iã	羊墙				
ɑ̃	樟创唱商伤尝	iɑ̃	旺腔	uɑ̃	光黄		
ən	陈门等村	in	寻人冰听	uən	滚温	yn	云军
oŋ	风东农共	ioŋ	用荣浓				
aʔ	鸭发瞎	iaʔ	甲	uaʔ	滑刮		
ɑʔ	着尺麦	iɑʔ	脚药				
əʔ	黑责出脱佛月	iəʔ	接立日雪逼吃	uəʔ	骨国或活扩	yəʔ	缺橘疫
oʔ	落福学北	ioʔ	确屈掘菊玉浴				
ø̩	儿无亩五鱼						

（三）声调 8 个

代号	声调	调值	例字	代号	声调	调值	例字
1	阴平	44	诗高筋粗天边	2	阳平	223	穷唐陈图难云
3	阴上	51	死等早古草苦	4	阳上	231	范动近五女老
5	阴去	512	对半退判四伞	6	阳去	2312	饭洞住大硬路
7	阴入	5	接谷七哭百一	8	阳入	23	读六掘白药月

十七、藏书

（一）声母 29 个

p	布	pʰ	潘	b	白	m	米问	f	飞翻	v	饭万
t	多	tʰ	天	d	田	n	难			l	老
ts	招张纸嘴	tsʰ	吵窗拆吹					s	少说细诗	z	字时十
		tʂʰᵘ	抽					ʂᵘ	手	ʐᵘ	寿
tɕ	鸡九	tɕʰ	轻欠	dʑ	跪轴	ɲ	女儿银	ç	香		
k	高	kʰ	肯	g	共	ŋ	软藕	h	好灰		
ø	河晏有										

说明：在本文调查的所有字中只有"抽、手、寿"三个字还保留舌尖后声母。

（二）韵母 44 个

ɿ	四字师纸是视	i	死李肺徐	u	布破付	y	女贵雨有油
ʅ	猪水吹嘴诗时						
ɑ	家茄奶戴抓	iɑ	姐佳亚	uɑ	快		
æ	刀老烧	iæ	小腰桥				
E	来雷蓝岁美追			uE	弯筷会亏鳜		
ø	暗男船			uø	碗官	yø	圆权
o	马画遮	io	靴				
		I	染天			Y	九牛休
ei	头狗手瘦酒秋						
əu	数大河火湖虎						
ã	掌樟昌商肠	iã	羊墙				
ũ	庄创唱伤尝	iũ	旺腔	uã	光黄		
ən	陈门等村	in	寻人冰听	uən	滚温	yn	云军
oŋ	风东农共	ioŋ	用荣浓				
aʔ	鸭发瞎	iaʔ	甲	uaʔ	滑刮		

aʔ	麦着尺	iaʔ	脚药				
əʔ	黑责出脱佛月	ieʔ	接立日雪逼吃	ueʔ	骨国或活	yəʔ	疫役
oʔ	落福学北	ioʔ	缺确橘菊玉浴				
ø	儿无亩五鱼						

（三）声调 8 个

代号	声调	调值	例字	代号	声调	调值	例字
1	阴平	44	诗高筋粗天边	2	阳平	223	穷唐陈图难云
3	阴上	51	死等早古	4	阳上	231	草苦范动买五
5	阴去	523	对半退判四伞	6	阳去	2312	饭洞住大硬路
7	阴入	5	接谷七哭百一	8	阳入	23	读六掘白药月

十八、香山渔帆村

（一）声母 30 个

p 布	pʰ 潘	b 白	m 米问	f 飞翻	v 饭万
t 多	tʰ 天	d 田	n 难		l 老
ts 糟张皱纸	tsʰ 仓拆初			s 骚瘦塞细	z 愁尝字徐
tʂ 照真周嘴	tʂʰ 春臭吹			ʂ 烧手说诗	ʐ 寿沉时十
tɕ 鸡剑	tɕʰ 轻欠	dʑ 跪轴	ȵ 女儿银	ɕ 香	
k 高	kʰ 肯	g 共	ŋ 软藕	h 好灰	
ø 河晏有					

（二）韵母 44 个

ɿ 四字纸师是	i 死李肺徐	u 布破付	y 女贵鳜雨
ʅ 书猪诗嘴吹时			
ɑ 家茄奶戴抓	iɑ 姐佳亚	uɑ 快	
ʌ 刀老烧	iʌ 腰桥条		
E 来雷蓝岁美追		uE 弯筷会桂亏	
ø 暗男船		uø 碗官	ɤø 圆权
o 马画遮	io 靴		
	ɪ 染天		
ei 头狗手瘦洒秋	iei 九牛有休油		
əɯ 数大			
ã 掌昌商肠	iã 羊墙腔		
ũ 樟唱创伤尝	iũ 旺	uã 光黄	

ən 陈门等村	in 寻人冰听	uən 滚温	yn 云军
oŋ 风东农共	ioŋ 用荣浓		
aʔ 鸭发瞎	iaʔ 甲	uaʔ 滑刮	
ɑʔ 着麦尺	iɑʔ 脚药		
ɤʔ 十出说脱佛月	iəʔ 接立日雪逼吃	uɤʔ 骨国或活	yɛʔ 缺橘屈疫
oʔ 落福学北	ioʔ 确菊局玉浴		
Ø 儿无亩五鱼			

说明：[iʌ]不稳定，有些字发成[iæ]，但不区别意义，故这里一律记作[iʌ]。

（三）声调 9 个

代号	声调	调值	例字	代号	声调	调值	例字
1	阴平	44	诗高筋粗天边	2	阳平	223	穷唐陈图难云
3	阴上	51	死等早古	4	阳上	231	草苦范动老退判
5	阴去	523	对半四伞	6	阳去	2312	饭洞大硬路
7	阴入	5	接谷百一				
7′	次阴入	4	七哭屈尺	8	阳入	23	读六掘药

十九、香山梅舍村

（一）声母 26 个

p 布	pʰ 潘	b 白	m 米问	f 飞翻	v 饭万
t 多	tʰ 天	d 田	n 难		l 老
ts 招张纸嘴	tsʰ 吵窗拆吹			s 少说细诗	z 字尝时十
tɕ 鸡九	tɕʰ 轻欠	dʑ 跪轴	ɲ 女儿银	ɕ 香	
k 高	kʰ 肯	g 共	ŋ 软藕	h 好灰	
Ø 河晏有					

（二）韵母 44 个

ɿ 四字纸诗是	i 死李肺徐	u 布破付	y 女贵鳜雨
ʅ 书猪嘴吹视时			
a 家茄奶戴抓	ia 姐佳亚	ua 快	
ʌ 刀老烧	iʌ 腰桥条		
E 来雷蓝岁美追		uE 弯筷会桂亏	
ø 暗男船		uø 碗官	yø 圆权
o 马画遮	io 靴		

		ɿ 染天		
ei	头狗手瘦酒秋	iei 九牛有休油		
əɯ	数大			
ã	掌厂商肠	iã 羊墙腔		
ũ	樟唱伤尝	iũ 旺	uã 光黄	
ən	陈门等村	in 寻人冰听	uən 滚温	yn 云军
oŋ	风东农共	ioŋ 用荣浓		
aʔ	鸭发瞎	iaʔ 甲	uaʔ 滑刮	
ɑʔ	着麦尺	iɑʔ 脚药		
əʔ	十出说脱佛月	ieʔ 接立日雪逼吃	uəʔ 骨国或活	yəʔ 橘疫
oʔ	落福学北	ioʔ 缺确菊局玉浴		
ɿ	儿无亩五鱼			

说明：[iʌ]不稳定，有些字发成[iæ]，但不区别意义，故这里一律记作[iʌ]。

（三）声调 9 个

代号	声调	调值	例字	代号	声调	调值	例字
1	阴平	44	诗高筋粗天边	2	阳平	223	穷唐陈图难云
3	阴上	51	死等早古	4	阳上	231	草苦范动老退判
5	阴去	523	对半四伞	6	阳去	2312	饭洞大硬路
7	阴入	5	接谷百一				
7′	次阴入	4	七哭屈尺	8	阳入	23	读六掘药

二十、木渎①

（一）声母 26 个

p	布	pʰ	潘	b	白	m	米问	f	飞翻	v	饭万
t	多	tʰ	天	d	田	n	难			l	老
ts	招张纸嘴	tsʰ	吵窗拆吹					s	少说细诗	z	字尝时十
tɕ	鸡九	tɕʰ	轻欠	dʑ	跪轴	ȵ	女儿银	ɕ	香		
k	高	kʰ	肯	g	共	ŋ	软藕	h	好灰		
∅	河晏有										

---

① 木渎有两位发音人，一位是木渎王家村人，一位是木渎镇人。本研究记录的是木渎王家村的声韵调，王家村位于木渎灵岩山脚下，有一些与城区不同的语音特点，但木渎镇的发音与苏州城区几乎完全一样，在这里就不单独列出了。

（二）韵母 42 个

ɿ 四字师纸是视	i 死李肺徐	u 布破付	y 女贵雨油
ʮ 猪水吹嘴诗时			
ɑ 家茄奶戴抓	iɑ 姐佳亚	uɑ 快	
æ 刀老烧	iæ 小腰桥		
E 来蓝散山胆减		uE 弯筷关	
ø 暗男船		uø 碗官	yø 九牛休有圆
o 马画遮			
	ɪ 染天		
ei 雷岁美头手酒		uei 会桂亏鳜	
əu 数大河火湖虎			
ã 掌樟创昌肠	iã 羊腔墙		
ũ 庄唱商伤尝	iũ 旺	uũ 光黄	
ən 陈门等村	in 寻人冰听	uən 滚温	yn 云军
oŋ 风东农共	ioŋ 用荣浓		
aʔ 鸭发瞎着麦尺	iaʔ 甲	uaʔ 滑刮	
	iɑʔ 脚药		
eʔ 黑责出脱佛月	ieʔ 接立日雪逼吃	ueʔ 骨国或活阔	yeʔ 缺疫
oʔ 落福学北	ioʔ 橘菊确局玉浴		
ɚ 儿无亩五鱼			

（三）声调 10 个

代号	声调	调值	例字	代号	声调	调值	例字
1	阴平	44	诗高筋粗天边	2	阳平	223	穷唐陈图难云
3	阴上	51	死等早古				
3′	次阴上	33	草苦口普	4	阳上	231	范买动五女老
5	阴去	523	对半退判四伞	6	阳去	2312	饭卖洞大硬路
7	阴入	5	接谷百一				
7′	次阴入	4	七哭屈尺	8	阳入	3	读六掘药

二十一、镇湖

（一）声母 30 个

| p 布 | pʰ 潘 | b 白 | m 米问 | f 飞翻 | v 饭万 |
| t 多 | tʰ 天 | d 田 | n 难 | | l 老 |

ts	招张纸	tsʰ	窗拆吵			s	少说细	z	字尝十
tʂᶶ	嘴知猪	tʂʰᶶ	吹鼠处			ʂᶶ	诗水书	zᶶ	时池住
tɕ	鸡九	tɕʰ	轻欠	dʑ	跪轴	ɲ	女儿银	ɕ	香
k	高	kʰ	肯	g	共	ŋ	软藕	h	好灰
Ø	河晏有								

说明：[tʂᶶ]组声母只与舌尖后圆唇韵母[ᶶ]结合。

（二）韵母42个

ɿ 四字纸师诗视	i 死肺徐有	u 布破付	y 女贵鳜雨油休
ʮ 书猪水吹嘴时			
ɑ 家茄奶戴抓	iɑ 姐佳亚	uɑ 快	
æ 刀老烧	iæ 小腰桥		
E 来雷蓝岁美追		uE 弯筷会桂亏	
ø 暗男船		uø 碗官	yø 九牛圆权
o 马画遮	io 靴		
	I 染天		
ʌi 头狗手瘦酒秋			
əu 数大			
ã 掌厂商肠	iã 羊墙腔		
ɑ̃ 樟唱伤尝	iɑ̃ 旺	uɑ̃ 光黄	
ən 陈门等村	in 寻人冰听	uən 滚温	yn 云军
oŋ 风东农共	ioŋ 用荣浓		
aʔ 鸭发瞎	iaʔ 甲	uaʔ 滑刮	
ɑʔ 着尺麦	iɑʔ 脚药		
əʔ 黑责出脱佛月	iəʔ 接日雪吃疫	uəʔ 骨国或活扩	
oʔ 落福学北	ioʔ 缺确橘菊浴		
Ø̩ 儿无亩五鱼			

（三）声调9个

代号	声调	调值	例字	代号	声调	调值	例字
1	阴平	44	诗高筋粗天边	2	阳平	223	穷唐陈图难云
3	阴上	51	死等早古	4	阳上	231	草苦范动买老
5	阴去	523	对半退判四伞	6	阳去	2312	饭洞卖大硬路
7	阴入	5	接谷百一				
7′	次阴入	4	七哭屈尺	8	阳入	3	读六掘药

二十二、东渚

（一）声母 26 个

p	布	pʰ	潘	b	白	m	米问	f	飞翻	v 饭万
t	多	tʰ	天	d	田	n	难			l 老
ts	招张纸嘴	tsʰ	吵窗拆吹					s 少说细诗		z 字尝时十
tɕ	鸡九	tɕʰ	轻欠	dʑ	跪轴	ɲ	女儿银	ɕ 香		
k	高	kʰ	肯	g	共	ŋ	软藕	h 好灰		
ø	河晏有									

（二）韵母 41 个

ɿ	四字师纸时视	i	死肺徐有	u	布破付	y	女贵雨油休
ʮ	猪水吹嘴诗锄						
ɑ	家茄奶戴抓	iɑ	姐佳亚	uɑ	快		
æ	刀老烧	iæ	小腰桥				
E	来雷蓝岁美追			uE	弯筷会桂亏		
ø	暗男船			uø	碗官	yø	九牛圆靴
o	马画遮						
		l	染天				
ei	头手瘦酒秋儿						
əu	数大河火湖虎						
ã	掌厂商肠	iã	羊墙腔				
ũ	樟昌唱创伤尝	iũ	旺	uũ	光黄		
ən	陈门等村	in	寻人冰听	uən	滚温	yn	云军
oŋ	风东农共	ioŋ	用荣浓				
aʔ	鸭发瞎尺	iaʔ	嚼	uaʔ	滑刮		
ɑʔ	着麦	iɑʔ	脚药甲				
əʔ	黑责出脱佛月	iəʔ	接日雪逼吃疫	uəʔ	骨国或活		
oʔ	落福学北	ioʔ	缺确橘菊玉浴				
ø̃	无亩五鱼						

（三）声调 8 个

代号	声调	调值	例字	代号	声调	调值	例字
1	阴平	44	诗高筋粗天边	2	阳平	223	穷唐陈图难云
3	阴上	51	死等早古	4	阳上	231	草苦范动买五
5	阴去	523	对半退判四伞	6	阳去	2312	饭洞住大硬路
7	阴入	5	接谷七哭百一	8	阳入	3	读六掘白药月

二十三、通安

（一）声母 26 个

p	布	pʰ	潘	b	白	m	米问	f	飞翻	v 饭万
t	多	tʰ	天	d	田	n	难			l 老
ts	招张纸嘴	tsʰ	吵窗拆吹					s	少说细诗	z 字尝时十
tɕ	鸡九	tɕʰ	轻欠	dʑ	跪轴	ɲ	女儿银	ɕ	香	
k	高	kʰ	肯	g	共	ŋ	软藕	h	好灰	
ø	河晏有									

（二）韵母 40 个

ɿ	四字师纸视示	i	李肺	u	布破付	y 女贵雨油
ʮ	书猪吹嘴诗时				
ɑ	家茄奶戴抓	iɑ	姐佳亚	uɑ	快	
æ	刀老烧	iæ	小腰桥		
E	来雷蓝岁美追			uE	弯筷会桂亏	
ø	暗男船			uø	碗官	ɤø 九牛休有圆靴
o	马画遮				
		ɿ	染天		
ei	头手瘦酒秋儿				
əu	数大河火湖虎				
ã	樟掌商肠	iã	羊墙腔		
ũ	庄唱伤尝	iũ	旺	uũ	光黄	
ən	陈门等村	in	寻人冰听云军	uən	滚温	
oŋ	风东农共	ioŋ	用荣浓		
aʔ	鸭发瞎	iaʔ	嚼甲	uaʔ	滑刮	
ɑʔ	着麦尺	iɑʔ	脚药		

əʔ 黑责出脱佛月　　　iəʔ 接日雪逼吃疫　　　uəʔ 骨国或活
oʔ 落福学北　　　　　ioʔ 缺确橘菊玉浴
Ø 无亩五鱼

（三）声调 8 个

代号	声调	调值	例字	代号	声调	调值	例字
1	阴平	44	诗高筋粗天边	2	阳平	223	穷唐陈图难云
3	阴上	51	死等早古	4	阳上	231	草苦范动买五
5	阴去	523	对半退判四伞	6	阳去	2312	饭洞住大硬路
7	阴入	51	接谷七哭百一	8	阳入	231	读六掘白药月

说明：入声不明显，有向舒声合并的趋势。

二十四、浒关

（一）声母 33 个

p 布　　　　　pʰ 潘　　　　　b 白　　　　　m 米问　　　　　f 飞翻　　　　　v 饭万
t 多　　　　　tʰ 天　　　　　d 田　　　　　n 难　　　　　　　　　　　　　　　l 老
ts 招张纸　　　tsʰ 吵衬拆　　　　　　　　　　　　　　　　　　　s 少细塞　　　　z 字尝十
tsʮ 抓准　　　tsʰʮ 创闯　　　　　　　　　　　　　　　　　　　　ʂ 双爽刷
tʂʮ 嘴知猪　　tʂʰʮ 吹鼠处　　　　　　　　　　　　　　　　　　　ʂʮ 水书诗　　zʮ 时池住
tɕ 鸡九　　　　tɕʰ 轻欠　　　　dʑ 跪轴　　　ȵ 女儿银　　　　　　ɕ 香
k 高　　　　　kʰ 肯　　　　　g 共　　　　　ŋ 软藕　　　　　　　h 好灰
Ø 河晏有

说明：1. 保留带有圆唇动作的[tsʮ]组声母的字已不多。
　　　2. [tʂʮ]组声母只与舌尖后圆唇韵母[ʮ]结合。

（二）韵母 40 个

ɿ 四字纸师梳鲥　　　i 死李肺徐　　　u 布破付　　　y 女贵鳜雨
ʮ 猪水吹嘴诗时
ɑ 家茄奶戴抓　　　　iɑ 姐佳亚　　　uɑ 快
æ 刀老烧　　　　　　iæ 小腰桥
E 来雷蓝岁美追　　　　　　　　　　uE 弯筷会桂亏
ø 暗男头狗手酒　　　　　　　　　　uø 碗官　　　　yø 九牛休有油圆
o 马画遮
　　　　　　　　　　　ɿ 染天

| əu 数大河火
ã 掌樟厂商场	iã 羊墙腔
ũ 庄唱伤尝肠	iũ 旺	uã 光黄
ən 陈门等村	in 寻人冰听	uən 滚温	yn 云军
oŋ 风东农共	ioŋ 用荣浓
aʔ 鸭发瞎	iaʔ 嚼	uaʔ 滑刮
ɑʔ 着尺麦	iɑʔ 脚药甲
əʔ 黑责出脱佛月	iəʔ 接日雪逼吃疫	uəʔ 骨国或活
oʔ 落福学北	ioʔ 缺确橘菊玉浴
ø 儿无亩五鱼

（三）声调 8 个

代号	声调	调值	例字	代号	声调	调值	例字
1	阴平	44	诗高筋粗天边	2	阳平	223	穷唐陈图难云
3	阴上	51	死等早古	4	阳上	231	草苦范动老五
5	阴去	523	对半退判四伞	6	阳去	2312	饭洞住大硬路
7	阴入	5	接谷七哭百一	8	阳入	3	读六掘白药月

二十五、枫桥①

（一）声母 26 个

p 布	pʰ 潘	b 白	m 米问	f 飞翻	v 饭万
t 多	tʰ 天	d 田	n 难		l 老
ts 招张纸嘴	tsʰ 吵窗拆吹			s 少说细诗	z 字尝时十
tɕ 鸡九	tɕʰ 轻欠	dʑ 跪轴	ȵ 女儿银	ɕ 香	
k 高	kʰ 肯	g 共	ŋ 软藕	h 好灰	
ø 河晏有					

（二）韵母 41 个

ɿ 四死字纸诗视	i 李肺徐雨	u 布破付	y 女贵鳜油
ʮ 书猪水吹嘴时			
ɑ 家茄奶戴抓	iɑ 姐佳亚	uɑ 快	

---

① 枫桥有两位发音人，一位是枫桥三联村人，一位是枫桥镇人。本文记录的是枫桥三联村的声韵调，三联村位于枫桥的西北面，离城区较远，因此有一些与城区不同的语音特点，但枫桥镇位于枫桥东面的西津桥，由于靠近苏州城区，故其发音与苏州城区几乎完全一样，在这里就不单独列出了。

æ	刀老烧		iæ	小腰桥					
E	来蓝散山胆减					uE	弯筷关		
ø	暗男船					uø	碗官	Yø	圆权
o	马画遮		io	靴					
			I	染天				Y	九牛休有
ei	雷岁头狗手酒					uei	会桂亏		
əu	数大河火								
ã	掌厂商场		iã	羊腔墙					
ũ	樟创唱肠伤尝		iũ	旺		uã	光黄		
ən	陈门等风东农		in	寻人用荣云军		uən	滚温		
aʔ	鸭发瞎		iaʔ	甲		uaʔ	滑刮		
ɑʔ	着麦尺		iɑʔ	脚药					
əʔ	黑责出脱佛月		iəʔ	接日雪逼吃疫		uəʔ	骨国活阔		
oʔ	落福学北		ioʔ	缺确橘菊玉浴					
ɿ	儿无亩五鱼								

（三）声调 8 个

代号	声调	调值	例字	代号	声调	调值	例字
1	阴平	44	诗高筋粗天边	2	阳平	223	穷唐陈图难云
3	阴上	52	死等早古草苦	4	阳上	231	范动近五女老
5	阴去	512	对半退判四伞	6	阳去	2312	饭洞住大硬路
7	阴入	5	接谷七哭百一	8	阳入	3	读六掘白药月

二十六、陆慕

（一）声母 26 个

p	布	pʰ	潘	b	白	m	米问	f	飞翻	v	饭万
t	多	tʰ	天	d	田	n	难			l	老
ts	招张纸嘴	tsʰ	吵窗拆吹					s	少说细诗	z	字尝时十
tɕ	鸡九	tɕʰ	轻欠	dʑ	跪轴	ȵ	女儿银	ɕ	香		
k	高	kʰ	肯	g	共	ŋ	软藕	h	好灰		
∅	河晏有										

（二）韵母 44 个

| ɿ | 四字师纸视时 | i | 李肺徐死 | u | 布破付 | y | 女贵鳜雨 |

ɿ	猪水吹嘴诗迟				
a	家茄奶戴抓	iɑ	姐佳亚	uɑ	快
æ	刀老烧	iæ	小腰桥		
E	来雷蓝岁美追			uE	弯筷会桂亏
ø	暗男船			uø 碗官	Yø 圆权
o	马画遮	io	靴		
		I	染天	Y	九牛休有油
ei	头狗手瘦酒秋				
əu	数大河火湖虎				
ã	掌厂创场	iã	羊墙		
ɑ̃	樟唱伤尝肠	iɑ̃	旺腔	uɑ̃	光黄
ən	陈门等村	in	寻人冰听	uən 滚温	yn 云军
oŋ	风东农共	ioŋ	用荣浓		
aʔ	鸭发瞎尺	iaʔ	嚼	uaʔ 滑刮	
ɑʔ	着麦	iɑʔ	脚药甲		
əʔ	黑责出脱佛月	ieʔ	接立日雪逼吃	ueʔ 骨国活阔	yəʔ 疫役
oʔ	落福学北	ioʔ	缺确橘菊玉浴		
Ø̣	儿无亩五鱼				

（三）声调 7 个

代号	声调	调值	例字	代号	声调	调值	例字
1	阴平	44	诗高筋粗天边	2	阳平	223	穷唐陈图难云
3	阴上	51	死等早古草苦	4	阳上	231	动买老洞卖路
5	阴去	523	对半退判四				
7	阴入	54	接谷七哭百一	8	阳入	3	读六掘白药月

二十七、蠡口

（一）声母 26 个

p	布	pʰ	潘	b	白	m	米问	f	飞翻	v	饭万
t	多	tʰ	天	d	田	n	难			l	老
ts	招张纸嘴	tsʰ	吵窗拆吹					s	少说细诗	z	字尝时十
tɕ	鸡九	tɕʰ	轻欠	dʑ	跪轴	ȵ	女儿银	ɕ	香		
k	高	kʰ	肯	g	共	ŋ	软藕	h	好灰		
Ø	河晏有										

（二）韵母 44 个

ɿ	四字师纸视锄	i	李肺徐死	u	布破付湖壶	y	女贵鳜雨
ʅ	猪水吹嘴诗时						
ɑ	家茄奶戴抓	iɑ	姐佳亚	uɑ	快		
æ	刀老烧	iæ	小腰桥				
E	来蓝散山胆减			uE	弯筷关		
ø	暗男手州臭绸			uø	碗官	yø	九牛休有油圆
o	马画遮	io	靴				
		ɪ	染天				
ei	雷岁头狗瘦酒			uei	会桂亏		
əu	大河火虎胡吴						
ã	掌厂商场肠	iã	羊腔墙				
ɑ̃	樟创唱伤尝	iɑ̃	旺	uɑ̃	光黄		
ən	陈门等村	in	寻人冰听	uən	滚温	yn	云军
oŋ	风东农共	ioŋ	用荣浓				
aʔ	鸭发瞎	iaʔ	甲嚼	uaʔ	滑刮		
ɑʔ	着麦尺	iɑʔ	脚药				
əʔ	黑责出说脱月	iəʔ	接日雪逼吃疫	uəʔ	骨国或活扩	yəʔ	越阅决
oʔ	落福学北佛	ioʔ	缺确橘菊玉浴				
ɚ	儿无亩五鱼						

（三）声调 7 个

代号	声调	调值	例字	代号	声调	调值	例字
1	阴平	44	诗高筋粗天边	2	阳平	223	穷唐陈图难云
3	阴上	51	死等早古草苦	4	阳上	231	动买老洞卖路
5	阴去	523	对半退判四				
7	阴入	54	接谷七哭百一	8	阳入	3	读六掘白药月

二十八、黄桥

（一）声母 26 个

p	布	pʰ	潘	b	白	m	米问	f	飞翻	v	饭万
t	多	tʰ	天	d	田	n	难			l	老
ts	招张纸嘴	tsʰ	吵窗拆吹					s	少说细诗	z	字尝时十

tɕ 鸡九	tɕʰ 轻欠	dʑ 跪轴	ȵ 女儿银	ɕ 香
k 高	kʰ 肯	g 共	ŋ 软藕	h 好灰
ø 河晏有				

(二) 韵母 42 个

ɿ 四字师纸视锄	i 李肺徐死	u 布破付	y 女贵鳜雨
ʯ 猪水吹嘴诗时			
ɑ 家茄奶戴抓	iɑ 姐佳亚	uɑ 快	
æ 刀老烧	iæ 小腰桥		
E 来蓝散山胆减		uE 弯筷关	
ø 暗男手臭绸酒		uø 碗官	ɣø 九牛休有油圆
o 马画遮	io 靴		
	ɪ 染天		
ei 雷岁头狗楼瘦		uei 会桂亏	
əu 数大河火			
ã 掌商场肠	iã 羊腔墙		
ũ 樟唱伤尝	iũ 旺	uũ 光黄	
ən 陈门等村	in 寻人冰云军	uən 滚温	
oŋ 风东农共	ioŋ 用荣浓		
aʔ 鸭发瞎	iaʔ 甲嚼	uaʔ 滑刮	
ɑʔ 着麦尺	iɑʔ 脚药		
əʔ 黑责出脱佛月	iəʔ 接立日雪逼吃	uəʔ 骨国或活阔	
oʔ 落福学北	ioʔ 缺确橘菊玉浴		
ɚ 儿无亩五鱼			

(三) 声调 8 个

代号	声调	调值	例字	代号	声调	调值	例字
1	阴平	44	诗高筋粗天边	2	阳平	223	穷唐陈图难云
3	阴上	51	死等早古草苦	4	阳上	231	范动近五女老
5	阴去	523	对半退判四伞	6	阳去	2312	饭洞问大硬路
7	阴入	54	接谷七哭百一	8	阳入	3	读六掘白药月

二十九、渭塘

（一）声母 26 个

p	布	pʰ	潘	b	白	m	米问	f	飞翻	v 饭万
t	多	tʰ	天	d	田	n	难			l 老
ts	招张纸嘴	tsʰ	吵窗拆吹					s	少说细诗	z 字尝时十
tɕ	鸡九	tɕʰ	轻欠	dʑ	跪轴	ɲ	女儿银	ɕ	香	
k	高	kʰ	肯	g	共	ŋ	软藕	h	好灰	
ø	河晏有									

（二）韵母 40 个

ɿ	四字师纸视锄	i	李肺徐死	u	布破付湖壶吴	y	女贵鳜雨有油
ʮ	猪水吹嘴诗时						
ɑ	家茄奶戴抓	iɑ	姐佳亚	uɑ	快		
æ	刀老烧	iæ	小腰桥				
E	来雷蓝岁美追			uE	弯筷关会桂亏		
ø	暗男船			uø	碗官	Yø	九牛休圆靴
o	马画遮						
		I	染天				
ei	头狗手瘦酒秋						
əu	数大河火						
ã	掌厂商场	iã	羊墙腔				
ũ	樟唱伤尝肠	iũ	旺	uũ	光黄		
ən	陈门等村	in	寻人冰云军	uən	滚温		
oŋ	风东农共	ioŋ	用荣浓				
aʔ	鸭发瞎	iaʔ	嚼甲	uaʔ	滑刮		
ɑʔ	着麦尺	iɑʔ	脚药				
əʔ	黑责出脱佛月	iəʔ	接立日雪逼吃	uəʔ	骨国或活扩		
oʔ	落福学北	ioʔ	缺确橘菊玉疫				
ø	儿无亩五鱼						

（三）声调 8 个

代号	声调	调值	例字	代号	声调	调值	例字
1	阴平	44	诗高筋粗天边	2	阳平	223	穷唐陈图难云
3	阴上	51	死等早古草苦	4	阳上	231	范动近五女老

代号	声调	调值	例字	代号	声调	调值	例字
5	阴去	523	对半退判四伞	6	阳去	2312	饭洞问大硬路
7	阴入	5	接谷七哭百一	8	阳入	3	读六掘白药月

三十、北桥

（一）声母 26 个

p 布	pʰ 潘	b 白	m 米问	f 飞翻	v 饭万
t 多	tʰ 天	d 田	n 难		l 老
ts 招张纸嘴	tsʰ 吵窗拆吹			s 少说细诗	z 字尝时十
tɕ 鸡九	tɕʰ 轻欠	dʑ 跪轴	ȵ 女儿银	ɕ 香	
k 高	kʰ 肯	g 共	ŋ 软藕	h 好灰	
∅ 河晏有					

（二）韵母 40 个

ɿ 四字师纸视锄	i 李徐死跪鳜	u 布破付湖壶	y 女贵雨有油
ʮ 猪水吹嘴诗时			
ɑ 家茄奶戴抓	iɑ 姐佳亚	uɑ 快	
æ 刀老烧	iæ 小腰桥		
E 来雷蓝岁美追		uE 弯筷会桂亏	
ø 暗男船		uø 碗官	yø 九牛休圆靴
o 马画遮			
	ɪ 染天		
ei 头狗手瘦酒秋			
əu 数大河火虎			
ã 掌厂商场	iã 羊墙腔		
ɑ̃ 樟唱伤尝肠	iɑ̃ 旺	uɑ̃ 光黄	
ən 陈门等村	in 寻人冰云军	uən 滚温	
oŋ 风东农共	ioŋ 用荣浓		
aʔ 鸭发瞎	iaʔ 嚼甲	uaʔ 滑刮	
ɑʔ 着麦尺	iɑʔ 脚药		
əʔ 黑责出脱佛月	iəʔ 接立日雪逼吃	uəʔ 骨国或活扩	
oʔ 落福学北	ioʔ 缺确橘菊玉疫		
∅ 儿无亩五鱼			

（三）声调 8 个

代号	声调	调值	例字	代号	声调	调值	例字
1	阴平	44	诗高筋粗天边	2	阳平	223	穷唐陈图难云
3	阴上	51	死等早古草苦	4	阳上	231	范动近五女老
5	阴去	523	对半退判四伞	6	阳去	2312	饭洞问大硬路
7	阴入	5	接谷七哭百一	8	阳入	23	读六掘白药月

三十一、东桥

（一）声母 26 个

p	布	pʰ	潘	b	白	m	米问	f	飞翻	v	饭万
t	多	tʰ	天	d	田	n	难			l	老
ts	招张纸嘴	tsʰ	吵窗拆吹					s	少说细诗	z	字尝时十
tɕ	鸡九	tɕʰ	轻欠	dʑ	跪轴	ɲ	女儿银	ɕ	香		
k	高	kʰ	肯	g	共	ŋ	软藕	h	好灰		
ø	河晏有										

（二）韵母 40 个

ɿ	四字师纸视锄	i	李肺徐死雨	u	布破付	y	女贵鳜
ʮ	猪水吹嘴诗时						
ɑ	家茄奶戴抓	iɑ	姐佳亚	uɑ	快		
æ	刀老烧	iæ	小腰桥				
E	来雷蓝岁美追			uE	弯筷会桂亏		
ø	男船头瘦酒秋			uø	碗官	ʏø	九牛休有油圆
o	马画遮	io	靴				
		ɪ	染天				
ou	数大河火						
ã	掌厂昌商肠	iã	羊墙腔				
ũ	樟创唱伤尝	iã	旺	uã	光黄		
ən	陈门等村	in	寻人冰云军	uən	滚温		
oŋ	风东农共	ioŋ	用荣浓				
aʔ	鸭发瞎	iaʔ	嚼甲	uaʔ	滑刮		
ɑʔ	着麦尺	iɑʔ	脚药				
əʔ	黑责出脱佛月	iəʔ	接日雪逼吃疫	uəʔ	骨国或活		

| oʔ | 落福学北 | ioʔ | 缺确橘菊玉浴 |
| ø | 儿无亩五鱼 | | |

（三）声调 8 个

代号	声调	调值	例字	代号	声调	调值	例字
1	阴平	44	诗高筋粗天边	2	阳平	223	穷唐陈图难云
3	阴上	51	死等早古	4	阳上	231	草苦范动买五
5	阴去	523	对半退判四	6	阳去	2323	饭洞卖大硬路
7	阴入	54	接谷七哭百一	8	阳入	3	读六掘白药月

三十二、望亭

（一）声母 33 个

p	布	pʰ	潘	b	白	m	米问	f	飞翻	v	饭万
t	多	tʰ	天	d	田	n	难			l	老
ts	招张纸	tsʰ	吵窗拆					s	深细说	z	尝沉字
tsᵜ	抓							sᵜ	双霜少	zᵜ	床
tʂ	知猪制	tʂᶣ	春处鼠					ʂ	诗书世	ʐᶣ	十时住
tɕ	鸡九	tɕʰ	轻欠	dʑ	跪轴	ȵ	女儿银	ç	香		
k	高	kʰ	肯	g	共	ŋ	软藕	h	好灰		
ø	河晏有										

说明：保留带有圆唇动作的 [tsᜳ] 组声母和 [tʂᶣ] 组声母的字已不多。

（二）韵母 44 个

ɿ	四字师纸锄鲋	i	李肺徐死	u	布破付	y	女贵雨有油
ʮ	猪水吹嘴诗时						
ɑ	家茄奶戴抓	iɑ	姐佳亚	uɑ	快		
æ	刀老烧	iæ	小腰桥				
E	来雷蓝岁美追			uE	弯筷会桂亏		
ø	暗男船			uø	碗官	yø	圆权
o	马画遮	io	靴				
		I	染天			Y	九牛休
øY	头狗手瘦酒秋						
əu	数大河火湖虎						
ã	掌樟厂场肠	iã	羊墙腔				

ũ	庄创唱伤尝	iã	旺		uã	光黄		
ən　陈门等村　　　in　寻人冰听　　　uən　滚温　　　yn　云军
oŋ　风东农共　　　ioŋ　用荣浓
aʔ　鸭发瞎　　　　iaʔ　嚼甲　　　　uaʔ　滑刮
ɑʔ　着麦尺　　　　iɑʔ　脚药
əʔ　黑责出脱佛月　iəʔ　接日雪逼吃　uəʔ　骨活国或扩　yəʔ　缺橘掘
oʔ　落福学北　　　ioʔ　确屈菊玉疫
ø　　儿无亩五鱼

（三）声调 8 个

代号	声调	调值	例字	代号	声调	调值	例字
1	阴平	44	诗高筋粗天边	2	阳平	223	穷唐陈图难云
3	阴上	51	死等早古	4	阳上	231	草苦范动买五
5	阴去	523	对半退判四伞	6	阳去	2312	饭洞卖大硬路
7	阴入	5	接谷七哭百一	8	阳入	23	读六掘白药月

三十三、太平

（一）声母 27 个

p　布　　　　pʰ　潘　　　　b　白　　　m　米问　　f　飞翻　　v　饭万
t　多　　　　tʰ　天　　　　d　田　　　n　难　　　　　　　　　l　老
ts　招张纸嘴　tsʰ　吵窗拆吹　　　　　　　　　　　　s　少细诗　z　字尝时十
　　　　　　　　　　　　　　　　　　　　　　　　　　sʷ　说
tɕ　鸡九　　　tɕʰ　轻欠　　　dʑ　跪轴　　ȵ　女儿银　ɕ　香
k　高　　　　kʰ　肯　　　　g　共　　　ŋ　软藕　　h　好灰
ø　河晏有

说明：在本研究调查的所有字中只有"说"还存留带有圆唇动作的[sʷ]声母。

（二）韵母 42 个

ɿ　四字师纸知池　　　　i　李肺徐死雨　　　　u　布破付　　y　女贵跪
ʅ　猪水吹嘴诗时
ɑ　家茄奶戴抓　　　　　iɑ　姐佳亚　　　　　　uɑ　快
æ　刀老烧　　　　　　　iæ　小腰桥
E　来蓝散山胆减　　　　　　　　　　　　　　　uE　弯筷关
ø　暗男船　　　　　　　　　　　　　　　　　uø　碗官　　ɤø　圆权

ɤ	手臭绸酒					
o	马画遮	io	靴			
		ɿ	染天	ʮ	九牛休有油	
ei	雷岁美头楼瘦			uei	会桂亏鳜	
əu	数大					
ã	掌樟商肠	iã	羊腔墙			
ɑ̃	庄唱伤尝	iɑ̃	旺	uɑ̃	光黄	
ən	陈门等风东农	in	寻人冰用云军	uən	滚温	
aʔ	鸭发瞎	iaʔ	甲嚼	uaʔ	滑刮	
ɑʔ	着麦尺	iɑʔ	脚药			
ɤʔ	黑责出说脱	iɤʔ	接立日雪逼吃	uɤʔ	骨国或活阔	
oʔ	落福学北月佛	ioʔ	缺确橘菊玉浴			
ø	儿无五鱼					

(三)声调 8 个

代号	声调	调值	例字	代号	声调	调值	例字
1	阴平	44	诗高筋粗天边	2	阳平	223	穷唐陈图难云
3	阴上	51	死等早古草苦	4	阳上	231	范动近五女老
5	阴去	523	对半退判四伞	6	阳去	2312	饭洞问大硬路
7	阴入	5	接谷七哭百一	8	阳入	3	读六掘白药月

三十四、油泾

(一)声母 30 个

p	布	pʰ	潘	b	白	m	米问	f	飞翻	v	饭万
t	多	tʰ	天	d	田	n	难			l	老
ts	招张纸	tsʰ	窗拆吵					s	少细塞	z	字尝十
tʂu	嘴知猪	tʂʰu	吹鼠处					ʂu	水书诗	ʐu	时池住
tɕ	鸡九	tɕʰ	轻欠	dʑ	跪轴	ɲ	女儿银	ɕ	香		
k	高	kʰ	肯	g	共	ŋ	软藕	h	好灰		
ø	河晏有										

说明：[tʂu]组声母只与舌尖后圆唇韵母[ʮ]结合。

(二)韵母 45 个

| ɿ | 四字师纸视锄 | i | 李肺徐死雨 | u | 布破付 | y | 女贵鳜 |
| ʮ | 猪水吹嘴诗时 | | | | | | |

ɑ	家茄奶戴抓	iɑ	姐佳亚	uɑ	快		
æ	刀老烧	iæ	小腰桥				
E	来蓝散山胆减			uE	弯筷关		
ø	暗男船			uø	碗官	Yø	圆权
ə	手臭绸						
o	马画遮	io	靴				
		I	染天	Y	九牛有油酒秋修		
ei	雷岁美头狗瘦			uei	会桂亏		
əu	数大河火						
ã	掌厂商肠	iã	羊腔墙				
ũ	樟唱伤尝	iũ	旺	uã	光黄		
ən	陈门等村	in	寻人冰云军	uən	滚温		
oŋ	风东农共	ioŋ	用荣浓				
aʔ	鸭发瞎	iaʔ	嚼	uaʔ	滑刮		
ɑʔ	着麦尺刷	iɑʔ	脚药甲				
əʔ	黑责出脱月佛	iəʔ	接日雪逼吃	uəʔ	骨国或活阔	yəʔ	缺橘菊掘疫
oʔ	落福学北	ioʔ	确屈玉浴				
ɚ	儿无亩五鱼						

(三) 声调 7 个

代号	声调	调值	例字	代号	声调	调值	例字
1	阴平	44	诗高筋粗天边	2	阳平	223	穷唐陈图难云
3	阴上	52	死等早古草苦	4	阳上	231	动买老洞卖路
5	阴去	523	对半退判四伞				
7	阴入	5	接谷七哭百一	8	阳入	3	读六掘白药月

第二节 各点比较

本节比较苏州郊区内部各点的语音系统,从中可看出郊区内部各点方言在语音上有哪些相同、哪些不同。

一、声母

苏州郊区 34 个点的声母比较见表 2-1-1 至表 2-1-3。

表 2-1-1　苏州郊区声母比较（一）

调查点	声母数	声母										
唯亭	26	p	pʰ	b	m	f	v	t	tʰ	d	n	l	ts
胜浦	30	p	pʰ	b	m	f	v	t	tʰ	d	n	l	ts
斜塘	26	p	pʰ	b	m	f	v	t	tʰ	d	n	l	ts
娄葑	27	p	pʰ	b	m	f	v	t	tʰ	d	n	l	ts
甪直	30	p	pʰ	b	m	f	v	t	tʰ	d	n	l	ts
车坊	30	p	pʰ	b	m	f	v	t	tʰ	d	n	l	ts
郭巷	30	p	pʰ	b	m	f	v	t	tʰ	d	n	l	ts
越溪	32	p	pʰ	b	m	f	v	t	tʰ	d	n	l	ts
横泾	26	p	pʰ	b	m	f	v	t	tʰ	d	n	l	ts
浦庄	30	p	pʰ	b	m	f	v	t	tʰ	d	n	l	ts
渡村	27	p	pʰ	b	m	f	v	t	tʰ	d	n	l	ts
东山镇	27	p	pʰ	b	m	f	v	t	tʰ	d	n	l	ts
东山杨湾	27	p	pʰ	b	m	f	v	t	tʰ	d	n	l	ts
西山	31	p	pʰ	b	m	f	v	t	tʰ	d	n	l	ts
太湖	26	p	pʰ	b	m	f	v	t	tʰ	d	n	l	ts
光福	26	p	pʰ	b	m	f	v	t	tʰ	d	n	l	ts
藏书	29	p	pʰ	b	m	f	v	t	tʰ	d	n	l	ts
香山渔帆	30	p	pʰ	b	m	f	v	t	tʰ	d	n	l	ts
香山梅舍	26	p	pʰ	b	m	f	v	t	tʰ	d	n	l	ts
木渎	26	p	pʰ	b	m	f	v	t	tʰ	d	n	l	ts
镇湖	30	p	pʰ	b	m	f	v	t	tʰ	d	n	l	ts
东渚	26	p	pʰ	b	m	f	v	t	tʰ	d	n	l	ts
通安	26	p	pʰ	b	m	f	v	t	tʰ	d	n	l	ts
浒关	33	p	pʰ	b	m	f	v	t	tʰ	d	n	l	ts
枫桥	26	p	pʰ	b	m	f	v	t	tʰ	d	n	l	ts
陆慕	26	p	pʰ	b	m	f	v	t	tʰ	d	n	l	ts
蠡口	26	p	pʰ	b	m	f	v	t	tʰ	d	n	l	ts
黄桥	26	p	pʰ	b	m	f	v	t	tʰ	d	n	l	ts
渭塘	26	p	pʰ	b	m	f	v	t	tʰ	d	n	l	ts
北桥	26	p	pʰ	b	m	f	v	t	tʰ	d	n	l	ts

续表

调查点	声母数	声母										
东桥	26	p	p^h	b	m	f	v	t	t^h	d	n	l	ts
望亭	33	p	p^h	b	m	f	v	t	t^h	d	n	l	ts
太平	27	p	p^h	b	m	f	v		t^h	d	n	l	ts
油泾	30	p	p^h	b	m	f	v	t	t^h	d	n	l	ts

表 2-1-2　苏州郊区声母比较(二)

调查点	声母数	声母									
唯亭	26	ts^h		s	z						
胜浦	30	ts^h		s	z					$tʂ^ɥ$	$tʂ^{hɥ}$	$ʂ^ɥ$
斜塘	26	ts^h		s	z						
娄葑	27	ts^h		s	z			$s^ɥ$			
甪直	30	ts^h		s	z					$tʂ^ɥ$	$tʂ^{hɥ}$	$ʂ^ɥ$
车坊	30	ts^h		s	z					$tʂ^ɥ$	$tʂ^{hɥ}$	$ʂ^ɥ$
郭巷	30	ts^h		s	z					$tʂ^ɥ$	$tʂ^{hɥ}$	$ʂ^ɥ$
越溪	32	ts^h	dz	s	z	$ts^ɥ$	$ts^{hɥ}$	$dz^ɥ$	$s^ɥ$	$z^ɥ$	
横泾	26	ts^h		s	z						
浦庄	30	ts^h		s	z					$tʂ^ɥ$	$tʂ^{hɥ}$	$ʂ^ɥ$
渡村	27	ts^h		s	z			$s^ɥ$			
东山镇	27	ts^h	dz	s	z						
东山杨湾	27	ts^h	dz	s	z						
西山	31	ts^h	dz	s	z	$ts^ɥ$	$ts^{hɥ}$		$s^ɥ$	$z^ɥ$	
太湖	26	ts^h		s	z						
光福	26	ts^h		s	z						
藏书	29	ts^h		s	z						$tʂ^{hɥ}$	$ʂ^ɥ$
香山渔帆	30	ts^h		s	z					$tʂ^ɥ$	$tʂ^{hɥ}$	$ʂ^ɥ$
香山梅舍	26	ts^h		s	z						
木渎	26	ts^h		s	z						
镇湖	30	ts^h		s	z					$tʂ^ɥ$	$tʂ^{hɥ}$	$ʂ^ɥ$
东渚	26	ts^h		s	z						
通安	26	ts^h		s	z						
浒关	33	ts^h		s	z	$ts^ɥ$	$ts^{hɥ}$	$s^ɥ$		$tʂ^ɥ$	$tʂ^{hɥ}$	$ʂ^ɥ$
枫桥	26	ts^h		s	z						

续表

调查点	声母数	声母							
陆慕	26	tsʰ	s	z					
蠡口	26	tsʰ	s	z					
黄桥	26	tsʰ	s	z					
渭塘	26	tsʰ	s	z					
北桥	26	tsʰ	s	z					
东桥	26	tsʰ	s	z					
望亭	33	tsʰ	s	z	tsᵁ		sᵁ	zᵁ	tʂᵁ	tʂʰᵁ	ʂᵁ
太平	27	tsʰ	s	z			sᵁ				
油泾	30	tsʰ	s	z					tʂᵁ	tʂʰᵁ	ʂᵁ

表 2-1-3 苏州郊区声母比较(三)

调查点	声母数	声母									
唯亭	26		tɕ	tɕʰ	dʑ	ȵ	ç	k	kʰ	g	ŋ	h	∅
胜浦	30	ʑᵁ	tɕ	tɕʰ	dʑ	ȵ	ç	k	kʰ	g	ŋ	h	∅
斜塘	26		tɕ	tɕʰ	dʑ	ȵ	ç	k	kʰ	g	ŋ	h	∅
娄葑	27		tɕ	tɕʰ	dʑ	ȵ	ç	k	kʰ	g	ŋ	h	∅
甪直	30	ʑᵁ	tɕ	tɕʰ	dʑ	ȵ	ç	k	kʰ	g	ŋ	h	∅
车坊	30	ʑᵁ	tɕ	tɕʰ	dʑ	ȵ	ç	k	kʰ	g	ŋ	h	∅
郭巷	30	ʑᵁ	tɕ	tɕʰ	dʑ	ȵ	ç	k	kʰ	g	ŋ	h	∅
越溪	32		tɕ	tɕʰ	dʑ	ȵ	ç	k	kʰ	g	ŋ	h	∅
横泾	26		tɕ	tɕʰ	dʑ	ȵ	ç	k	kʰ	g	ŋ	h	∅
浦庄	30	ʑᵁ	tɕ	tɕʰ	dʑ	ȵ	ç	k	kʰ	g	ŋ	h	∅
渡村	27		tɕ	tɕʰ	dʑ	ȵ	ç	k	kʰ	g	ŋ	h	∅
东山镇	27		tɕ	tɕʰ	dʑ	ȵ	ç	k	kʰ	g	ŋ	h	∅
东山杨湾	27		tɕ	tɕʰ	dʑ	ȵ	ç	k	kʰ	g	ŋ	h	∅
西山	31		tɕ	tɕʰ	dʑ	ȵ	ç	k	kʰ	g	ŋ	h	∅
太湖	26		tɕ	tɕʰ	dʑ	ȵ	ç	k	kʰ	g	ŋ	h	∅
光福	26		tɕ	tɕʰ	dʑ	ȵ	ç	k	kʰ	g	ŋ	h	∅
藏书	29	ʑᵁ	tɕ	tɕʰ	dʑ	ȵ	ç	k	kʰ	g	ŋ	h	∅
香山渔帆	30	ʑᵁ	tɕ	tɕʰ	dʑ	ȵ	ç	k	kʰ	g	ŋ	h	∅

续表

调查点	声母数			声		母						
香山梅舍	26		tɕ	tɕʰ	dʑ	ɲ	ɕ	k	kʰ	g	ŋ	h	ø
木渎	26		tɕ	tɕʰ		ɲ	ɕ	k	kʰ	g	ŋ	h	ø
镇湖	30	zᶣ	tɕ	tɕʰ		ɲ	ɕ	k	kʰ	g	ŋ	h	ø
东渚	26		tɕ	tɕʰ	dʑ	ɲ	ɕ	k	kʰ	g	ŋ	h	ø
通安	26		tɕ	tɕʰ		ɲ	ɕ	k	kʰ	g	ŋ	h	ø
浒关	33	zᶣ	tɕ	tɕʰ		ɲ	ɕ	k	kʰ	g	ŋ	h	ø
枫桥	26		tɕ	tɕʰ	dʑ	ɲ	ɕ	k	kʰ	g	ŋ	h	ø
陆慕	26		tɕ	tɕʰ		ɲ	ɕ	k	kʰ	g	ŋ	h	ø
蠡口	26		tɕ	tɕʰ		ɲ	ɕ	k	kʰ	g	ŋ	h	ø
黄桥	26		tɕ	tɕʰ		ɲ	ɕ	k	kʰ	g	ŋ	h	ø
渭塘	26		tɕ	tɕʰ		ɲ	ɕ	k	kʰ	g	ŋ	h	ø
北桥	26		tɕ	tɕʰ		ɲ	ɕ	k	kʰ	g	ŋ	h	ø
东桥	26		tɕ	tɕʰ		ɲ	ɕ	k	kʰ	g	ŋ	h	ø
望亭	33	zᶣ	tɕ	tɕʰ		ɲ	ɕ	k	kʰ	g	ŋ	h	ø
太平	27		tɕ	tɕʰ		ɲ	ɕ	k	kʰ	g	ŋ	h	ø
浒泾	30	zᶣ	tɕ	tɕʰ	dʑ	ɲ	ɕ	k	kʰ	g	ŋ	h	ø

从以上34个点的声母比较表可以看出，在声母方面，各点的差别不是很大，绝大多数声母各点都一样，有差别的声母只有两类：一类是部分点至今仍保留[tʂᶣ tʂʰᶣ ʂᶣ zᶣ]和[tsᶣ tsʰᶣ dzᶣ sᶣ zᶣ]①两套声母，这是苏州郊区方言非常重要的一个特点，因为苏州城区这两套声母消失已久；另一个是东山、西山、越溪三个点还保留浊的舌尖前塞擦音[dz]，其余各点都没有。下面我们将详细阐述这两个特点。

（一）[tʂ tʂʰ ʂ z]和[tʂ tʂʰ ʂ z]两套声母

根据我们的调查，胜浦、甪直、车坊、郭巷、浦庄、香山、藏书、镇湖、浒关、望亭、浒泾11个点至今仍保留[tʂ tʂʰ ʂ z]这组声母，保留有多有少，其中位于苏州南郊的车坊、郭巷及西郊的香山保留最多。胜浦、甪直、浦庄、镇湖、

---

① 这里采用严式标法，[tʂᶣ]等右上角的ᶣ和[tsᶣ]等右上角的ᶣ只是表示声母圆唇的符号，而不是元音符号。

浒关、油泾保留的[tʂ]组声母基本仅存留于舌尖后韵母[ʮ]前面,藏书和望亭只有少数字还存留[tʂ]组声母。

1. [ts tsʰ s z]和[tʂ tʂʰ ʂ ʐ]两套声母的发音部位

叶祥苓(1980:208)认为苏州的[tʂ]组声母发音部位要比北京的[tʂ]组声母略靠前。传统方言学的研究主要依靠调查人的主观听觉印象,把听到的发音转写成国际音标。但是这个所谓的舌尖后音到底是怎么发的,跟北京话的舌尖后音是否一样,至今还没有明确的调查来说明这个问题,因此我们认为有必要来弄清楚它们真正的发音部位在哪里。我们选择保存[tʂ]组声母最多的车坊话作为苏州郊区分[ts tʂ]方言的代表,对车坊话中的这两组音做了静态舌面位置和颚位调查的实验。由于此实验至少需要两位发音人,因此除了第一发音人赵金根(男,调查时年龄为63岁,21岁时赴辽宁鞍山服役6年,其余时间都居住在车坊)以外,我们又找了第二发音人金文华(男,调查时年龄为66岁,从未在外地住过)。实验参考Ladefoged(1957)和Dart(1991)介绍的静态舌面位置和颚位调查方法,调查的字是四个:"骚"[˯sʌ]和"烧"[˯ʂʌ],"糟"[˯tsʌ]和"招"[˯tʂʌ]。

下面我们先看一下语音学上对被动和主动发音部位的分区。

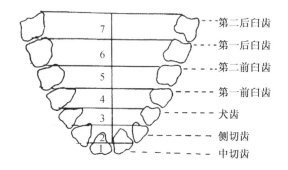

图2-1　上颚分区图

图2-1是Firth(1948)对上颚划分的分区。以上齿位置作为分区参考,上颚可以划分成大致七个区域。其与语音学被动发音部位的分区大致对应关系如下:1是"齿"、2是"齿龈前"、3是"齿龈"、4是"齿龈后"、5是"硬腭前"、6是"硬腭中"、7是"硬腭后"。

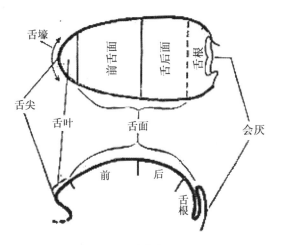

图 2-2 舌头分区图

图 2-2 是 Catford(1977)对舌头做的分区。不过由于舌冠发音动作比较复杂,Dart(1991/1998)把这部分的发音位置又进一步划分成四种类型(见图 2-3),其中舌缘和上舌尖属于舌尖音类型,舌叶和舌尖加舌叶属于舌叶音类型。

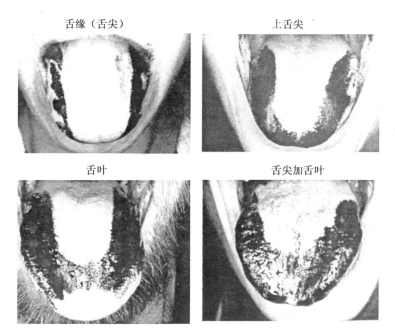

图 2-3 舌冠部分的四种发音类型(选自 Dart,1998)

"骚"[ˌsʌ]和"烧"[ˌʂʌ]是一对最小对立体,其唯一的区别是声母。我们先比较第一发音人的这两个音(图2-4、图2-5)。从上面的两个舌面位置图我们可以发现,由于两者的声母都是擦音,所以其共同点就是在代表接触部位的黑色染料之间有一条清晰的空隙,说明气流是从这中间的窄缝中通过。两者窄缝的宽度基本相同,说明它们的摩擦程度并没有太大的区别,而主要区别就在于阻碍位置的前后。"骚"的位置相对要靠前一些,但是并不是在舌尖位置,因为在舌头的最前端有明显的空白部分,因此"骚"的声母主动发音部位应该确定为"舌叶"。"烧"的声母阻碍位置要靠后一些,相对于"骚",它的主动发音部位应该是在"舌面前"。

再看相对应的颚位图。与舌面位置图一样,两个声母的阻碍位置之间同样也有空隙的存在,但是它们的位置差别比舌面位置图要细微得多。"骚"的被动发音部位相对要长一些,更类似一个短短的管道,管道的前端占满了第3区,后端部分在第4区,其主体位置相对偏前一些,所以被动发音部位基本可以确定为"齿龈"。"烧"的被动发音部位很短,几乎就是一个收紧点,其位置跟"骚"发音部位的后端基本一致,就在第4区。

综合舌面位置图和颚位图,我们认为第一发音人的"骚"和"烧"被动发音部位差别相对要小一些,主要区别在于主动发音部位。从音位区分的角度看,"骚"的声母可以认为是一个"舌叶—齿龈"擦音,"烧"的声母可以认为是一个"舌面前—齿龈后"擦音。

而第二发音人的情况跟第一发音人有所不同。从主动发音部位来看,两个声母基本都是在上舌尖,只是气流的通道没有位于中央而偏向一侧,这可能跟发音人牙齿残缺造成的发音补偿效应相关。不过Catford(1977:144)指出过,擦音的通道无论是在正中央还是偏向一侧,对声音本身没太大的影响,这个问题就不多赘述了。而从颚位图上看,"骚"的收紧点差不多在第2、第3区的分界线上,不但比第一发音人的"骚"要稍微更靠前一些,而且也没有形成管道,"烧"的收紧点就在第3区。所以从位置前后来说,肯定是"骚"的被动发音部位更前一些,只是收紧点所处的位置比较尴尬,既可以处理成齿音,也可以处理成齿龈音。从音位角度看,由于两个声母是对立关系,所以如果采取前一种办法,那"烧"的声母是齿龈音,如果采用后一种办法,那"烧"就只能看作齿龈后音。

第一发音人： 第二发音人：

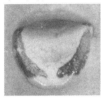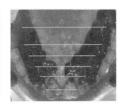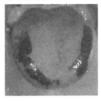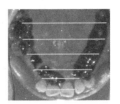

图 2-4 "骚"的舌面位置和颚位图

第一发音人： 第二发音人：

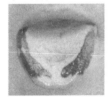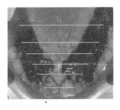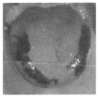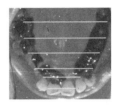

图 2-5 "烧"的舌面位置和颚位图

"糟"[˷tsʌ]和"招"[˷tʂʌ]也是一对最小对立体，唯一区别就在于声母不同。我们也先来比较第一发音人的这几张图（图 2-6、图 2-7）。从主动发音部位看，这两个声母的关系几乎跟第一发音人自己对应的那组擦音"骚"和"烧"的关系一样，前者在舌叶，后者在舌面前。跟擦音舌面位置图的主要区别就是那个气流通道现在连起来了，这也正表明了这两个声母有阻塞成分的存在。从颚位图看，两个声母的阻塞位置都占满了第 2、3、4 三个区，即"齿龈前—齿龈—齿龈后"，很难区分两者的差异。所以情况其实跟对应的擦音情况差不多，两个塞擦音声母主要的区别还是在于主动发音部位。

下面再比较第二发音人的情况。"糟"的主动发音部位基本上是比较典型的"上舌尖"。"招"的染黑部分也是从舌尖开始就有了，但是其宽度相对于"糟"要宽一些，所以它的主动发音部位应该是"舌尖加舌叶"。从颚位图看，"糟"的发音部位主要在第 3 区，第 2 区也有一部分被染黑，基本上是一个齿龈音。"招"的发音部位比"糟"要宽一些，不但整个第 3 区和小部分第 2 区被染黑了，而且整个第 4 区也被染黑了，所以它实际上是一个"齿龈—齿龈后"音。如果从音系角度来看，"糟"可以算是"舌尖—齿龈"音，而"招"是"舌叶—齿龈后"音。

综合前面的观察，我们发现两个发音人一致的地方就是"骚""糟"比对应的"烧""招"发音部位分别要靠前一些，也在一定程度上符合以前对它们对立的描写。但是两个发音人又有一些不同之处：第一发音人对应的擦音与塞擦音发音部位，无论是主动还是被动发音部位，都比较一致；而第二发音人的对应关系就没那么整齐，按之前的归纳，他的"骚"是舌尖—齿音，"糟"是舌尖—齿龈音，"烧"是舌尖—齿龈音，"招"是舌叶—齿龈后音。在调查过程中我们也发现，第二发音人对于所谓的舌尖前和舌尖后两组声母有时会出现相混淆的现象，这说明第二发音人可能已经处在两个音类的合并过程中，因此也造成了发音部位相对不太稳定的问题。

第一发音人： 第二发音人：

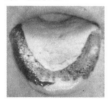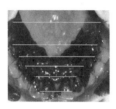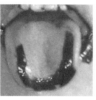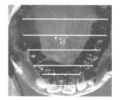

图 2-6　"糟"的舌面位置和颚位图

第一发音人： 第二发音人：

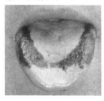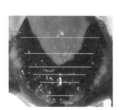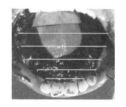

图 2-7　"招"的舌面位置和颚位图

调查还发现一个很有意思的现象，第一发音人无论是所谓的舌尖前音还是舌尖后音，都没有真正用舌尖来作为发音部位，尤其是经常作为舌尖前音代表的[s]，他的实际主动发音部位是舌叶。这一点似乎看起来有点奇怪，不过查阅其他一些文献我们就会发现[s]这样的音在很多语言中，主要特征都是"齿龈"音，而主动发音部位往往舌尖或者舌叶两可。比如 Dart (1998)调查后发现，无论是英语还是法语的[s]和[z]，在发音人中实际上是被动发音部位基本一致，而主动发音部位是有分歧的。在他调查的那些发音人中，英语发音人差不多舌尖、舌叶各一半，法语发音人则是舌尖占三分之一、舌叶占三分之二。北京话的情况同样如此，Lee(1999)调查到的发音人发[s]时就基本都用舌叶来作为主动发音部位的(图 2-8)。因此，车坊话[s]同时有舌尖和舌叶两种发音方法并不是什么特殊现象。

图 2-8　北京话 s 和 sh 的舌面位置和颚位图（选自 Lee,1999）

另一个相关问题是舌尖后音。舌尖后音的符号对应于国际音标的卷舌音。但是 Ladefoged(1957)和吴宗济(1984)的调查已经证明,北京话的舌尖后音与典型的卷舌音发音部位并不一样,比如印地语中的卷舌音发音时需要将舌尖卷起,用下舌叶去靠近上颚。从图 2-8 我们也可以发现,北京话的舌尖后音其实应该描写成一个舌尖—齿龈后音。而车坊话的舌尖后音跟舌尖的关系就更远了,两个发音人的主动发音部位一个是在舌面前,另一个是在舌叶,被动发音部位基本都在齿龈后。

综合前面的分析,我们认为,苏州郊区的舌尖前音大概是舌尖/舌叶—齿/齿龈音,舌尖后音大概是一个舌叶/舌面前—齿龈后音。总的来说,苏州郊区舌尖后音的发音部位要比舌尖前音靠后,跟北京话舌尖后音的被动发音部位差不多,而主动发音部位苏州郊区比北京话更靠后。

2. 两套声母的分化情况

苏州郊区读[ts tʂ]两组声母的字都来自古精组和知系(包括知、庄、章组和日母①)。精组字基本都读[ts]组声母,比较统一,除了一个字例外——"嘴"[ˀtʂᵁ];知系字哪些读[ts]组,哪些读[tʂ]组,不是很有规律。

我们先借助古音系统,从历时的角度对至今保留[tʂ]组声母字最多的车坊、郭巷和香山话加以分析(表 2-2),尽量从中找出苏州郊区方言[ts tʂ]分化的一些规律来。由于这三个点的发音人年龄不同,其保留[tʂ]组声母的字不可能完全相同,一般来说,年纪大的保留多一些,年纪小的保留少一些,因此我们只能综合三个点的情况来分析。从表 2-2 我们可以看出,庄组今读[ts]组最多,多于读[tʂ]组的字,而知章日三组读[tʂ]组的字远多于读[ts]组的。如撇开个别例外(带＊号),一般来说,庄组字逢"遇效流深山臻曾"七摄读[ts]组,而知章日三组字逢这七摄读[tʂ]组;与之相反,庄组字逢

---

① 日母字有文白读,文读声母是[z]或[ʐ],白读声母是[n̠],这里记录的都是文读音。但由于一些字太文,发音人读不出来,因此没有记录在内。

宕摄读[tʂ]组,而知章日三组字逢宕摄读[ts]组。咸梗两摄二等和三等字发音不同,二等字均读[ts]组,三等字大多读[tʂ]组,梗摄章组三等入声字读[tʂ]组。蟹止两摄庄组均读[ts]组,知章组合口三等读[tʂ]组,开口三等读[ts]组,但章组止摄没有这样的规律,需结合今音来分析,凡今读舌尖后韵母[ʉ]和[ʅ]的都是[tʂ]组声母,凡今读舌尖前韵母[ɿ]和其他韵母的都是[ts]组声母。知庄章日四组字只与三个摄拼合时今读声母完全一致,即逢假摄都读[ts]组,逢江摄和通摄都读[tʂ]组,没有例外。

表 2-2 古知庄章日组声母今读[ts tʂ]的分化情况表

摄	知组二等		知组三等		庄组二等		庄组三等		章组三等		日母三等	
	今读	例字	今读	例字	今读	例字	今读	例字	今读	例字	今读	例字
假	ts	茶			ts	沙			ts	遮	ts	惹
遇			tʂ	猪			ts	初所	tʂ	书	tʂ	如
蟹			tʂ ts	滞缀	ts	债晒			tʂ	世税		
止			tʂ ts	知追			ts	师帅	tʂ	诗水纸垂		
效	tʂ	罩	tʂ	赵	ts tʂ*	吵抓爪			tʂ	烧	tʂ	扰
流			tʂ	绸			ts	瘦	tʂ	州	tʂ	柔
咸	ts	赚	tʂ	沾	ts	搀插			tʂ	闪摄	tʂ	染
深			tʂ	沉			ts	森涩	tʂ	枕十	tʂ	任入
山			tʂ	展撤	ts tʂ*	山杀刷			tʂ	善说	tʂ	然
臻			tʂ	镇侄			ts	衬	tʂ	真失	tʂ	人日
宕			ts tʂ*	张着			tʂ ts*	庄爽创	ts	商伤	ts	弱
江	tʂ	撞桌			tʂ	双捉						
曾			tʂ	征直			ts	测	tʂ ts*	证植剩职		
梗	ts	撑拆	tʂ tʂ*	程贞			ts	争策	tʂ	成尺		
通			tʂ	中竹			tʂ	崇缩	tʂ	钟烛	tʂ	辱

注:1. ts 代表[ts tsʰ s z]组声母,tʂ 代表[tʂ tʂʰ ʂ z]组声母。
2. 带 * 号表示个别字读音例外。

至于胜浦、甪直、浦庄、镇湖、浒关、油泾现今保留的[tʂ]组声母,除了个别几个字以外,基本仅存留于舌尖后韵母[ʅ]前面,追溯到古音,其[tʂ]组声母主要来源于古遇、止、蟹摄的知章日组声母。

熊正辉(1990:5)根据知庄章三组字哪些字读[ts]组,哪些字读[tʂ]组,把官话区分[ts tʂ]的方言归纳为三种基本类型,即济南型、昌徐型和南京型。苏州郊区区分[ts tʂ]的方言似乎与这三种类型都不同,从读[tʂ]组的数量上来看,苏州郊区与昌徐型接近,比济南型和南京型少得多,当然也比北京话少得多。北京话知系字今读[tʂ tʂʰ ʂ]的大部分集中在庄组,庄组遇摄合口三等和深摄开口三等的部分字、曾摄开口三等字,以及知庄组梗摄开口二等的入声字在北京话中读[ts]组声母,其余都读[tʂ]组,因此知庄章三组字苏州郊区读[ts]组的要比北京话多很多,凡北京话读[ts]组的字在苏州郊区也都读[ts]组,两者的关系见图2-9。

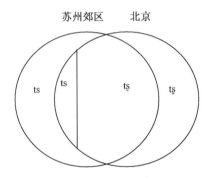

图 2-9 古知庄章三组字在今苏州郊区和北京话中读[ts tʂ]组声母的数量对比

由于仅从历史演变的角度分析,规律不是非常清楚,因此我们再借助今读音,将今音与古音结合起来分析,这样可能更简明清楚一些。表 2-3 是车坊、郭巷、香山话中古知系字的声韵母拼合关系。

表 2-3 [ts tʂ]组声母与今韵母的拼合关系

	ɿ	ʅ	ʮ	ɑ	ʌ	E	ə	ø	o	ue
ts 组	+	-	-	+	+	+	+	-	+	+
tʂ 组	-	+	+	+	+	-	-	+	-	-
	əu	ei	ã	ũ	ən	oŋ	aʔ	ɑʔ	əʔ	oʔ
ts 组	+	+	+	+	+	-	+	+	+	+
tʂ 组	-	+	-	+	+	+	+	+	+	+

注:"+"表示可以拼合,"-"表示不能拼合。

从表2-3我们可以看到,[ʯ]、[ʮ]、[ø]、[oŋ]、[oʔ]5个韵母只能与[tʂ]组声母相拼,不能与[ts]组声母相拼,这5个韵母除了[ʮ]以外都是圆唇韵母。[ɿ]、[ɛ]、[ɚ]、[o]、[əu]、[ɯ]、[ã]、[aʔ]8个韵母只能与[ts]组声母相拼,不能与[tʂ]组声母相拼,这8个韵母中除了[o]韵是圆唇的,其余都是不圆唇韵母。[ɑ]、[ʌ]、[ei]、[ɑ̃]、[ən]、[ɑʔ]、[əʔ]7个韵母既能与[tʂ]组声母相拼,又能与[ts]组声母相拼,这7个韵母都是不圆唇韵母。可见,[ts]组声母基本与不圆唇韵母相拼,而[tʂ]组声母既能与圆唇韵母相拼,又能与不圆唇韵母相拼,但其与圆唇韵母的结合比与不圆唇韵母的结合稳定得多,其中最稳定的是[tʂ]组声母与圆唇韵母[ʯ]的结合,以至于胜浦、甪直、浦庄、镇湖、浒关、甪泾的[tʂ]组声母与其他韵母的结合已基本消失,但与舌尖后圆唇韵母[ʯ]的结合至今依然非常稳定。这可能与[tʂ]组声母带有圆唇色彩有关,因此苏州郊区保留的[tʂ tʂʰ ʂ ʐ]这组声母用严式描写应该为[tʂᶣ tʂʰᶣ ʂᶣ ʐᶣ]([tʂᶣ]等右上角的ᶣ只是表示声母圆唇的符号,而不是元音符号)。

3. 介于[tʂᶣ ts]两套声母之间的第三套声母

我们在调查中发现,越溪知系字也有比较稳定的两套声母,一套是[ts tsʰ dz s z],还有一套是[tsᶣ tsʰᶣ dzᶣ sᶣ zᶣ]([tsᶣ]等右上角的ᶣ只是表示声母圆唇的符号,而不是元音符号)。[tsᶣ]组声母保留了[tʂᶣ]组声母的圆唇动作,但舌位靠前。这组声母的古音来源与[tʂᶣ]组声母相似,但与今圆唇韵母相拼时,由于韵母圆唇会带动声母圆唇,故听感上与[tʂ]组声母区别不大,但在不圆唇韵母前就有明显的不同,如:说[sᶣəʔ]≠塞[səʔ],趁[tsʰᶣən]≠衬[tsʰən],乘[dzᶣen]≠从[dzən],可见[tsᶣ]组与[ts]组是可以区别意义、互相对立的两组音位。除了越溪以外,在西山、渡村、浒关、望亭、太平、娄葑也有[tsᶣ]组声母,但已很不稳定,仅存留于少数字中,[tsᶣ]组声母已基本并入[ts]组声母。

4. 与30年前叶祥苓的调查结果比较

叶祥苓曾在《苏州方言志》(1988:5)中就指出"郊区和吴县有二十多个乡能区分[ts]组和[tʂ]组"。这20多个乡包括唯亭、胜浦、斜塘、娄葑、甪直、郭巷、越溪、渡村、西山、太湖、光福、香山、木渎、东渚、通安、枫桥、浒关、望亭、东桥、渭塘、蠡口、太平等(见《苏州方言志》方言地图第1图)。时隔30年苏州郊区仍保留[ts tʂ]两组声母,可见其语音演变的速度确实要比城区缓慢得多。但虽缓慢,还是有所变化。30年前有20多个乡有[tʂ]组声母,30年后只有十几个乡镇还保留[tʂ]组声母,少了近一半,说明在这30年里,随着农村城市化的发展,郊区与城区的语言接触日益增多,郊区部分乡镇的方言受苏州城区话的影响,[tʂ]组声母已逐渐消失,并入[ts]组声母。按照这样的速度,再过30年可能苏州郊区的[tʂ]组声母将会全部消失,彻底完成[tʂ]组向[ts]组的合并。

比较我们的调查结果与叶祥苓的调查结果,发现一个比较奇怪的现象。根据我们的调查,镇湖和浒泾这两个乡镇至今还保留[tʂ]组声母。而根据叶祥苓的调查,这两个乡及其下属的自然村都没有舌尖后音,塞＝说(见《苏州方言志》方言地图第1图)。倘若在30年前这两个乡镇就已经没有[tʂ]组声母,都并入[ts]组声母了,那30年后怎么又会出现[tʂ]组声母呢?不免让人费解,唯一的解释是这两个调查中有一个出现了错误。有可能是调查人听错音,也有可能是发音人发错音。30年前由于客观条件的限制,叶祥苓调查吴县各乡方言的时候采用的是传统方言调查方法(即耳辨手记)和调查问卷的方法,前者主要凭调查人的听感,后者主要凭发音人自己的感觉,主观性都比较强。而我们采用的是录音调查的方法,使用语言田野调查系统TFW(Tools for Field Work)进行录音,并根据录音反复听辨后记音,对一些很难辨识的音我们使用实验语音学的常用软件Praat进行实验分析,尽量使调查结果更加科学真实。

(二) [dz]声母

苏州城区舌尖前塞擦音只有[ts]、[tsʰ],没有浊音[dz]。但苏州郊区东山、西山、越溪三个乡镇有[dz]声母。但哪些字读[dz],哪些字读[z],三个乡镇都不尽相同,几乎没有什么明显的规律,甚至同一个字读不读[dz],同一个地方不同的人也不完全一致,有的字本身也可两读,一般在一个词的起首位置多读[dz],在非起首位置常常读[z],如"茶"在"茶食"一词中读[dzo],而在"吃茶"一词中却读[zo],类似的例子还有如"常识"与"平常"、"状况"与"形状"、"成绩"与"完成"、"社会"与"公社"等,这可以认为是[dz]向[z]合并过程中的词汇扩散(Lexical Diffusion)(王士元1988)现象。见表2-4。

表 2-4　东山、西山、越溪的[dz]声母字举例

声母\镇	从母							澄母						
	残	曹	存	静	瓷	藏	从	杂	澄	长	重	陈	赚	住	茶	直
东山	dz	dz	z	dz	dz	z	dz	z	dz	dz	dz	dz	dz	dz	dz	dz
西山	dz	z	z	dz	z	z	z	z	dz	dz	dz	dz	dz	dz	dz	dz
越溪	dz	z	z	dz	z	z	z	z	dz	dz	dz	dz	dz	dz	dz	dz

声母\镇	禅母						崇母				船母				
	成	常	社	树	是	十	状	馋	查	柴	助	事	剩	船	蛇	射	示	实
东山	dz	dz	dz	z	z	z	dz	z	dz	z	z	z	z	dz	dz	z	z	z
西山	dz	dz	dz	z	z	z	z	z	dz	z	z	z	z	dz	z	z	z	z
越溪	z	dz	dz	z	z	z	z	z	dz	z	z	z	z	dz	z	z	z	z

这 3 个点今读[dz]声母的字囊括了除邪母外的精组、知系全部全浊声母字,而邪母字今都读[z]。我们共调查了从母字 39 个、澄母字 35 个、禅母字 28 个、船母字 14 个、崇母字 10 个。东山、西山、越溪这 3 个点读[dz]声母的个数和比例见表 2-5。

表 2-5　东山、西山、越溪[dz]声母字的数量

古声母	个数	东山		西山		越溪	
		读[dz]个数	读[dz]比例	读[dz]个数	读[dz]比例	读[dz]个数	读[dz]比例
从母	39	14	35.9%	9	23.1%	7	17.9%
澄母	35	21	60%	14	40%	18	51.4%
禅母	28	5	17.9%	7	25%	1	3.6%
船母	14	2	14.3%	2	14.3%	3	21.4%
崇母	10	3	30%	2	20%	2	20%
合计	126	45	35.7%	34	27%	31	24.6%

从表 2-5 我们可以看出,这 3 个乡镇中[dz]声母字最多的是东山,远多于西山和越溪。从声母的古音来源看,古澄母字今读[dz]声母的比例最高,平均为 50.5%;其次是从母和崇母,今读[dz]声母的比例分别为 25.6% 和 23.3%;船母和禅母最少,只有 16.6% 和 15.5%。据此,我们推测以上 5 个声母在这 3 个乡镇中早些时候读[dz]的可能性由大到小的排序为:澄母→从母→崇母→船母→禅母,后来有些字读[z],应该是由于受周边地区及苏州城区话的影响而向[z]声母字合并的扩散现象。钱乃荣(1992:7 -

8)在《当代吴语研究》中对吴语区 33 个点读[dz]/[z]的情况进行了调查与统计,他认为澄母、从母、崇母在吴语中过去应读[dz]。这一论断与我们调查分析的结果是一致的。

我们发现,凡有[dz]声母的方言都存在[dz]与[z]混淆的不稳定现象。追溯到古音来历,从诸家(高本汉、罗常培、陆志韦、董同龢、李荣、王力)对中古音声母的拟音来看,[dz]源自中古从母和床母(崇母和船母),[z]源自中古邪母和禅母。从表 2-6 我们可以看出,各家最一致的就是将古邪母拟为[z];其次是古从母,高本汉、罗常培、董同龢、王力先生将从母定为送气音[dz'],而陆志韦和李荣先生则定为不送气音[dz];最不一致的就是古床母和禅母,只有董同龢和李荣先生将床母和禅母拟为浊的舌尖前塞擦音和擦音,其余各家将其拟为浊的舌尖后、舌面或舌叶音,则更加相去甚远。至于中古澄母,各家都将其拟为浊的舌面音[ɖ],并认为"知彻澄"是"端透定"的音位变体,与[dz]、[z]无关。因此,从各家的拟音来看,古邪母读[z]是最稳定、最一致的,延续至今,古邪母在今吴方言中读[z]也是最稳定的;而古从、崇、船、禅母各家意见不一致,说明其声母本身有多元化读音的倾向,容易造成不稳定、混淆的语音现象;至于澄母,各家的拟音与现今其在吴方言中的读音相去甚远,更是无法确定,蕴含着不稳定因素。

表 2-6 诸家对中古床禅从邪母的拟音对照表①

中古声母	床		禅		从		邪
	腭		腭		纯	腭	腭
切上	士	食	俟	时	昨	疾	徐
高本汉	dẓ'	dẓ'		ʑ	dz'	dz'	z
罗常培	dẓ'	dẓ'		dẓ'	dz'	dz'	z
陆志韦	dʒ	ʑ		dʑ	dz	dz	z
董同龢	dz'	dz'		z'	dz'	dz'	z
李荣	dz	dz	z	z'	dz	dz	z
王力	dʒ'	dʑ'		ʑ	dz'	dz'	z

看完古,我们再来看今。我们更重视现实的语言现象,现实现象显示,[dz]和[z],再扩大说,塞擦音和擦音始终有纠缠,这是因为在声学上,塞擦

---

① 引自黄典诚(1994:223)。

音和擦音实际上更多体现在擦音段的长短，若用 Praat 测试一下就可以发现，如果从擦音中段开始听，就像一个同部位的塞擦音，所以两者肯定很接近，容易混淆，因此其本身的发音特点决定了这两类音必定有不稳定的倾向。

二、韵母

苏州郊区 34 个点的韵母比较如表 2-7-1 至表 2-7-4 所示：

表 2-7-1 苏州郊区 34 个点的韵母比较（一）

调查点	韵母数	韵 母										
唯亭	44	ɿ		ʮ	i	u	y	ɑ	iɑ	uɑ			æ	iæ
胜浦	44	ɿ		ʮ	i	u	y	ɑ	iɑ	uɑ			æ	iæ
斜塘	43	ɿ		ʮ	i	u	y	ɑ	iɑ	uɑ			æ	iæ
娄葑	44	ɿ		ʮ	i	u	y	ɑ	iɑ	uɑ			æ	iæ
甪直	43	ɿ	ʅ	ʮ	i	u		ɑ	iɑ	uɑ			æ	iæ
车坊	44	ɿ		ʮ	i	u	y	ɑ	iɑ	uɑ			ʌ	iʌ
郭巷	42	ɿ	ʅ	ʮ	i	u		ɑ	iɑ	uɑ	ɜ	uɜ	ʌ	iʌ
越溪	43	ɿ		ʮ	i	u	y	ɑ	iɑ	uɑ	ɜ	uɜ	ʌ	iʌ
横泾	39	ɿ		ʮ	i	u	y	ɑ	iɑ	uɑ			ʌ	iʌ
浦庄	38	ɿ		ʮ	i	u	y	ɑ	iɑ	uɑ			ʌ	iʌ
渡村	44	ɿ		ʮ	i	u	y	ɑ	iɑ	uɑ	ɜ	uɜ	ʌ	iʌ
东山镇	42	ɿ		ʮ	i	u	y	a	ia	ua			ɔ	iɔ
东山杨湾	42	ɿ		ʮ	i	u	y		ia	ua			ɔ	iɔ
西山	46	ɿ		ʮ	i	u	y	ɑ	iɑ	uɑ	ɜ	uɜ	ɔ	iɔ
太湖	39	ɿ			i	u	y	ã	ia	au			ʌ	iʌ
光福	44	ɿ		ʮ	i	u	y	ɑ	iɑ	uɑ			æ	iæ
藏书	44	ɿ		ʮ	i	u	y	ɑ	iɑ	uɑ			æ	iæ
香山渔帆	44	ɿ		ʮ	i	u	y	ɑ	iɑ	uɑ			ʌ	iʌ
香山梅舍	44	ɿ		ʮ	i	u	y	ɑ	iɑ	uɑ			ʌ	iʌ
木渎	42	ɿ		ʮ	i	u	y	ɑ	iɑ	uɑ			æ	iæ
镇湖	42	ɿ		ʮ	i	u	y	ɑ	iɑ	uɑ			æ	iæ
东渚	41	ɿ		ʮ	i	u	y	ɑ	iɑ	uɑ			æ	iæ
通安	40	ɿ		ʮ	i	u	y	ɑ	iɑ	uɑ			æ	iæ
浒关	40	ɿ		ʮ	i	u	y	ɑ	iɑ	uɑ			æ	iæ
枫桥	41	ɿ		ʮ	i	u	y	ɑ	iɑ	uɑ			æ	iæ
陆慕	44	ɿ		ʮ	i	u	y	ɑ	iɑ	uɑ			æ	iæ
蠡口	44	ɿ		ʮ	i	u	y	ɑ	iɑ	uɑ			æ	iæ
黄桥	42	ɿ		ʮ	i	u	y	ɑ	iɑ	uɑ			æ	iæ
渭塘	40	ɿ		ʮ	i	u	y	ɑ	iɑ	uɑ			æ	iæ

续表

调查点	韵母数	韵 母									
北桥	40	ɿ	ʮ	i	u	y	ɑ	iɑ	uɑ	æ	iæ
东桥	40	ɿ	ʮ	i	u	y	ɑ	iɑ	uɑ	æ	iæ
望亭	44	ɿ	ʮ	i	u	y	ɑ	iɑ	uɑ	æ	iæ
太平	42	ɿ	ʮ	i	u	y	ɑ	iɑ	uɑ	æ	iæ
油泾	45	ɿ	ʮ	i	u	y	ɑ	iɑ	uɑ	æ	iæ

表 2-7-2 苏州郊区 34 个点的韵母比较（二）

调查点	韵母数	韵 母									
唯亭	44	E	uE	ø	uø	yø	o	io	ɪ		ei	uei
胜浦	44	E	uE	ø	uø	yø	o	io	ɪ		ei	uei
斜塘	43	E	uE	ø	uø	yø	o	io	ɪ	Y	ei	uei
娄葑	44	E	uE	ø	uø	yø	o	io	ɪ		ei	uei
甪直	43	E	uE	ø	uø		o	io	ɪ	Y	ei	uei
车坊	44	E	uE	ø	uø	yø	o	io	ɪ	Y	ei	uei
郭巷	42	E	uE	ø	uø	yø	o	io	ɪ		ei	
越溪	43	E	uE	ø	uø	yø	o		ɪ		ei	
横泾	39	E	uE	ə		uø	yø	o	io	ɪ		
浦庄	38	E	uE	ø	uø	yø	o		ɪ			
渡村	44	E	uE	ø	uø	yø	o	io	ɪ	Y	øY	
东山镇	42	E	uE	ø	uø		o		ɪ	Y	ei	uei
东山杨湾	42	E	uE	ə		uø		o		ɪ	Y	ei	uei
西山	46	E	uE	ø	uø	yø	o	iɛ		Y	øY	
太湖	39	E	uE	ø	uø		o				ei	
光福	44	E	uE	ø	uø	yø	o	io	ɪ	Y	ei	
藏书	44	E	uE	ø	uø	yø	o	io	ɪ	Y	ei	
香山渔帆	44	E	uE	ø	uø	yø	o	io	iei		ei	
香山梅舍	44	E	uE	ø	uø	yø	o	io	iei			
木渎	42	E	uE	ø	uø	yø	o		ɪ		ei	uei
镇湖	42	E	uE	ø	uø	yø	o	io	ɪ		ʌɪ	
东渚	41	E	uE	ø	uø	yø	o		ɪ			
通安	40	E	uE	ø	uø	yø	o		ɪ		ei	
浒关	40	E	uE	ø	uø	yø	o		ɪ			
枫桥	41	E	uE	ø	uø	yø	o	io	ɪ	Y	ei	uei
陆慕	44	E	uE	ø	uø	yø	o	io	ɪ	Y	ei	
蠡口	44	E	uE	ø	uø	yø	o	io	ɪ		ei	uei
黄桥	42	E	uE	ø	uø	yø	o	io	ɪ		ei	uei
渭塘	40	E	uE	ø	uø	yø	o		ɪ		ei	

续表

调查点	韵母数				韵	母				
北桥	40	E	uE		ø	uø	Yø	o		I		ei	
东桥	40	E	uE		ø	uø	Yø	o	io	I			
望亭	44	E	uE		ø	uø	Yø	o	io	I	Y	øY	
太平	42	E	uE	ə	ø	uø	Yø	o	io	I	Y	ei	uei
油泾	45	E	uE	ə	ø	uø	Yø	o	io	I	Y	ei	uei

表 2-7-3 苏州郊区 34 个点的韵母比较(三)

调查点	韵母数					韵	母					
唯亭	44	əu	ã	iã	ɑ̃	iɑ̃	uɑ̃	ən	in	uən	yn	oŋ	ioŋ	aʔ
胜浦	44	əu	ã	iã	ɑ̃	iɑ̃	uɑ̃	ən	in	uən		oŋ	ioŋ	aʔ
斜塘	43	əu	ã	iã	ɑ̃	iɑ̃	uɑ̃	ən	in	uən				aʔ
娄葑	44	əu	ã	iã	ɑ̃	iɑ̃	uɑ̃	ən	in	uən	yn			aʔ
甪直	43	əu	ã	iã	ɑ̃	iɑ̃	uɑ̃	ən	in	uən				aʔ
车坊	44	əu	ã	iã	ɑ̃	iɑ̃	uɑ̃	ən	in	uən		oŋ	ioŋ	aʔ
郭巷	42	əu	ã	iã	ɑ̃	iɑ̃	uɑ̃	ən	in	uən				aʔ
越溪	43	əu	ã	iã	ɑ̃	iɑ̃	uɑ̃	ən	in	uən	yn			aʔ
横泾	39	əu	ã	iã	ɑ̃	iɑ̃	uɑ̃	ən		uən				aʔ
浦庄	38	əu	ã	iã	ɑ̃	iɑ̃	uɑ̃	ən		uən				aʔ
渡村	44	əu	ã	iã	ɑ̃	iɑ̃	uɑ̃	ən	in	uən		oŋ	ioŋ	aʔ
东山镇	42	əu	ã	iã	ɑ̃	iɑ̃	uɑ̃	ən	in	uən	yn			aʔ
东山杨湾	42	əu	ã	iã	ɑ̃	iɑ̃	uɑ̃	ən	in	uən	yn			aʔ
西山	46	əu	ã	iã	ɑ̃	iɑ̃	uɑ̃	ən	in	uən	yn	oŋ	ioŋ	aʔ
太湖	39	əu	ã	iã			uɑ̃	ən	in	uən	yn			aʔ
光福	44	əu	ã	iã	ɑ̃	iɑ̃	uɑ̃	ən	in	uən	yn	oŋ	ioŋ	aʔ
藏书	44	əu	ã	iã	ɑ̃	iɑ̃	uɑ̃	ən	in	uən	yn	oŋ	ioŋ	aʔ
香山渔帆	44	əu	ɯe	iã	ɑ̃	iɑ̃	uɑ̃	ən	in	uən	yn	oŋ	ioŋ	aʔ
香山梅舍	44	əu	ɯe	iã	ɑ̃	iɑ̃	uɑ̃	ən	in	uən	yn	oŋ	ioŋ	aʔ
木渎	42	əu	ã	iã	ɑ̃	iɑ̃	uɑ̃	ən	in	uən	yn			aʔ
镇湖	42	əu	ã	iã	ɑ̃	iɑ̃	uɑ̃	ən	in	uən	yn			aʔ
东渚	41	əu	ã	iã	ɑ̃	iɑ̃	uɑ̃	ən	in	uən	yn	oŋ	ioŋ	aʔ
通安	40	əu	ã	iã	ɑ̃	iɑ̃	uɑ̃	ən	in	uən		oŋ	ioŋ	aʔ
浒关	40	əu	ã	iã	ɑ̃	iɑ̃	uɑ̃	ən	in	uən		oŋ	ioŋ	aʔ
枫桥	41	əu	ã	iã	ɑ̃	iɑ̃	uɑ̃	ən		uən				aʔ
陆慕	44	əu	ã	iã	ɑ̃	iɑ̃	uɑ̃	ən	in	uən	yn	oŋ	ioŋ	aʔ
蠡口	44	əu	ã	iã	ɑ̃	iɑ̃	uɑ̃	ən	in	uən	yn	oŋ	ioŋ	aʔ
黄桥	42	əu	ã	iã	ɑ̃	iɑ̃	uɑ̃	ən	in	uən		oŋ	ioŋ	aʔ
渭塘	40	əu	ã	iã	ɑ̃	iɑ̃	uɑ̃	ən	in	uən		oŋ	ioŋ	aʔ

续表

调查点	韵母数	韵母										
北桥	40	əu	ã	iã	ɑ̃	iɑ̃	uɑ̃	ən	in	uən		oŋ	ioŋ	aʔ
东桥	40	əu	ã	iã	ɑ̃	iɑ̃	uɑ̃	ən	in	uən		oŋ	ioŋ	aʔ
望亭	44	əu	ã	iã	ɑ̃	iɑ̃	uɑ̃	ən	in	uən	yn	oŋ	ioŋ	aʔ
太平	42	əu	ã	iã	ɑ̃	iɑ̃	uɑ̃	ən	in	uən				aʔ
泗泾	45	əu	ã	iã	ɑ̃	iɑ̃	uɑ̃	ən	in	uən		oŋ	ioŋ	aʔ

表 2-7-4　苏州郊区 34 个点的韵母比较（四）

调查点	韵母数	韵母										
唯亭	44	iaʔ	uaʔ	ɑʔ	iɑʔ	əʔ	iəʔ	uəʔ	yəʔ		oʔ	ioʔ	∅
胜浦	44	iaʔ	uaʔ	ɑʔ	iɑʔ	əʔ	iəʔ		ʏøʔ	øʔ	oʔ	ioʔ	uoʔ	∅
斜塘	43	iaʔ	uaʔ	ɑʔ	iɑʔ	əʔ	iəʔ				oʔ	ioʔ	uoʔ	∅
娄葑	44	iaʔ	uaʔ	ɑʔ	iɑʔ	əʔ	iəʔ		yəʔ		oʔ	ioʔ	uoʔ	∅
甪直	43	iaʔ	uaʔ	ɑʔ	iɑʔ	əʔ	iəʔ	uəʔ	yəʔ		oʔ	ioʔ		∅
车坊	44	iaʔ	uaʔ	ɑʔ	iɑʔ	əʔ	iəʔ				oʔ	ioʔ	uoʔ	∅
郭巷	42	iaʔ	uaʔ	ɑʔ	iɑʔ	əʔ	iəʔ	uəʔ			oʔ	ioʔ		∅
越溪	43	iaʔ	uaʔ	ɑʔ	iɑʔ	əʔ	iəʔ	uəʔ	yəʔ		oʔ	ioʔ		∅
横泾	39	iaʔ	uaʔ	ɑʔ	iɑʔ	əʔ	iəʔ		yəʔ		oʔ	ioʔ		∅
浦庄	38	iaʔ	uaʔ	ɑʔ	iɑʔ	əʔ	iəʔ		yəʔ		oʔ	ioʔ		∅
渡村	44	iaʔ	uaʔ	ɑʔ	iɑʔ	əʔ	iəʔ				oʔ	ioʔ		∅
东山镇	42	iaʔ	uaʔ			əʔ	iəʔ	uəʔ	yəʔ		oʔ	ioʔ	uoʔ	∅
东山杨湾	42	iaʔ	uaʔ			əʔ	iəʔ		yəʔ		oʔ	ioʔ	uoʔ	∅
西山	46	iaʔ	uaʔ	ɑʔ	iɑʔ	əʔ	iəʔ		yəʔ		oʔ	ioʔ	uoʔ	∅
太湖	39	iaʔ	uaʔ			əʔ	iəʔ	uəʔ			oʔ	ioʔ	uoʔ	∅
光福	44	iaʔ	uaʔ	ɑʔ	iɑʔ	əʔ	iəʔ		yəʔ		oʔ	ioʔ		∅
藏书	44	iaʔ	uaʔ	ɑʔ	iɑʔ	əʔ	iəʔ				oʔ	ioʔ		∅
香山渔帆	44	iaʔ	uaʔ	ɑʔ	iɑʔ	əʔ	iəʔ		yəʔ		oʔ	ioʔ		∅
香山梅舍	44	iaʔ	uaʔ	ɑʔ	iɑʔ	əʔ	iəʔ		yəʔ		oʔ	ioʔ		∅
木渎	42	iaʔ	uaʔ		iɑʔ	əʔ	iəʔ		yəʔ		oʔ	ioʔ		∅
镇湖	42	iaʔ	uaʔ	ɑʔ	iɑʔ	əʔ	iəʔ				oʔ	ioʔ		∅
东渚	41	iaʔ	uaʔ	ɑʔ	iɑʔ	əʔ	iəʔ				oʔ	ioʔ		∅
通安	40	iaʔ	uaʔ	ɑʔ	iɑʔ	əʔ	iəʔ				oʔ	ioʔ		∅
浒关	40	iaʔ	uaʔ	ɑʔ	iɑʔ	əʔ	iəʔ				oʔ	ioʔ		∅
枫桥	41	iaʔ	uaʔ	ɑʔ	iɑʔ	əʔ	iəʔ	uəʔ			oʔ	ioʔ		∅
陆慕	44	iaʔ	uaʔ	ɑʔ	iɑʔ	əʔ	iəʔ		yəʔ		oʔ	ioʔ		∅
蠡口	44	iaʔ	uaʔ	ɑʔ	iɑʔ	əʔ	iəʔ		yəʔ		oʔ	ioʔ		∅
黄桥	42	iaʔ	uaʔ	ɑʔ	iɑʔ	əʔ	iəʔ	uəʔ			oʔ	ioʔ		∅
渭塘	40	iaʔ	uaʔ	ɑʔ	iɑʔ	əʔ	iəʔ	uəʔ			oʔ	ioʔ		∅

续表

调查点	韵母数	韵母										
北桥	40	iaʔ	uaʔ	ɑʔ	iɑʔ	eʔ	ieʔ	ueʔ		oʔ	ioʔ	ø
东桥	40	iaʔ	uaʔ	ɑʔ	iɑʔ	eʔ	ieʔ	ueʔ		oʔ	ioʔ	ø
望亭	44	iaʔ	uaʔ	ɑʔ	iɑʔ	eʔ	ieʔ	ueʔ	yəʔ	oʔ	ioʔ	ø
太平	42	iaʔ	uaʔ	ɑʔ	iɑʔ	eʔ	ieʔ	ueʔ		oʔ	ioʔ	ø
油泾	45	iaʔ	uaʔ	ɑʔ	iɑʔ	eʔ	ieʔ	ueʔ	yəʔ	oʔ	ioʔ	ø

各点韵母总数大多超过40个，最多的是西山，有46个，浦庄最少，38个。与声母相比，各点韵母的差别要大一些，与苏州城区的不同之处也较多，而且由于韵母数量多，参差的状况要复杂得多。下面就主要的差别说一说。

（1）普通话有整齐的开齐合撮四呼结构，但在丰富多彩的汉语方言中，语音构造方式形形色色，并非所有的方言都有普通话那样整齐的四呼结构。李荣先生早已指出"开齐合撮四呼并非天经地义"（李荣1985：22）。汪平先生（2003）通过对全国47种方言的声韵母拼合关系比较，发现汉语方言四呼存在着严重的不平衡现象，总的来说，开口呼总是占最大优势，开齐合三呼所含韵母数差距还不算悬殊，最不相称的是撮口呼，明显少于其他三呼。苏州城区方言四呼所含韵母数分别为：开口18个，齐齿15个，合口9个，撮口4个。从上文苏州郊区各乡镇的韵母系统，我们可以看出，各乡镇开、齐、合三呼韵母数逐渐递减，但差距不是很大，而撮口韵则明显少于其他三呼，甚至比城区更少，故我们主要讨论撮口呼韵母。为便于比较，我们将苏州郊区各乡镇和城区的撮口韵列表如表2-8所示：

表2-8　苏州城区和郊区各乡镇撮口呼所含韵母比较

	城区	唯亭	胜浦	斜塘	娄葑	甪直	车坊	郭巷	越溪	横泾	浦庄	渡村
y	+	+	+	+	+	−	+	+	+	+	+	+
yn	+	+	−	−	+	−	−	−	+	−	−	−
yəʔ	+	+	−	−	+	+	−	−	+	−	+	−
yaʔ①	+	−	−	−	−	−	−	−	−	−	−	−
yøʔ	−	−	+	−	−	−	−	−	−	−	−	−
总数	4	3	2	1	3	1	1	1	3	2	2	1

---

①　苏州城区话中只有"曰"这个字读[yaʔ]韵，由于"曰"来自文言文，苏州郊区农村人文化水平普遍偏低，几乎都不会读这个字，故没有这个韵。

续表

	东山镇	东山杨湾	西山	太湖	光福	藏书	香山渔帆	香山梅舍	木渎	镇湖	东渚	通安
y	+	+	+	+	+	+	+	+	+	+	+	+
yn	+	+	+	+	+	+	+	+	+	+	+	−
yəʔ	+	+	+	−	+	+	+	+	+	−	+	−
yaʔ	−	−	−	−	−	−	−	−	−	−	−	−
ɤøʔ	−	−	−	−	−	−	−	−	−	−	−	−
总数	3	3	3	2	3	3	3	3	3	2	3	1

	浒关	枫桥	陆慕	蠡口	黄桥	渭塘	北桥	东桥	望亭	太平	油泾
y	+	+	+	+	+	+	+	+	+	+	+
yn	+	−	+	+	−	−	+	−	+	−	+
yəʔ	+	−	+	+	−	−	−	−	+	−	−
yaʔ	−	−	−	−	−	−	−	−	−	−	−
ɤøʔ	−	−	−	−	−	−	−	−	−	−	−
总数	2	1	3	3	1	1	1	3	1	2

注:"+"表示有此韵,"−"表示无此韵。

从表 2-8 我们可以看出,苏州郊区各乡镇的撮口韵都少于城区,34 个点平均所含撮口呼韵母数为2,其中 12 个点的撮口韵只有 1 个,主要分布于苏州东南面和北面。这 12 个点中,除了甪直以外,其余 11 个点都只有[y]韵,没有以[y]为介音的韵母。唯独甪直没有[y]韵,凡苏州城区读[y]韵的字在甪直都读[i]韵,如"雨[i]""女[n̠i]""鳜[tɕi]鱼"等。胜浦和太湖虽有[y]韵,但[y]韵字特别少,只有"女"读[y]韵,其余都读[i]韵,可能早期"女"也读齐齿呼[n̠i],后受城区和普通话的影响,逐渐演变为撮口呼[n̠y]。34 个点中有 16 个点(胜浦、斜塘、甪直、车坊、郭巷、横泾、浦庄、渡村、通安、枫桥、黄桥、渭塘、北桥、东桥、太平、油泾)没有[yn]韵,这 16 个点主要分布于苏州的南面和北面,古臻合三的见系字在苏州城区和郊区其他乡镇都读撮口呼[yn]韵,但在这 16 个乡镇读齐齿呼[in]韵,故"云"与"赢"同音,都读[˵in]。还有 15 个点(斜塘、车坊、郭巷、渡村、太湖、镇湖、东渚、通安、浒关、枫桥、黄桥、渭塘、北桥、东桥、太平)没有[yəʔ]韵,主要分布于苏州的西面、北面及东南郊,凡苏州城区读撮口呼[yəʔ]韵的字这 15 个乡镇都读齐

齿呼[ioʔ]韵,因此在这 15 个点山臻摄与通梗江摄的见系入声字同韵,如"缺"与"确"同音,都读[tɕʰioʔ],"橘"与"菊"同音,都读[tɕioʔ]。胜浦也没有[yəʔ]韵,但取而代之的不是[ioʔ],而是一个比较特别的[ɣøʔ]韵。

总的来看,苏州郊区南部和北部地区的撮口韵比西部地区少,相对于苏州城区,郊区的撮口韵更少,且读撮口呼的字较少,读齐齿呼的字较多,从郊区到城区[i]→[y]、[in]→[yn]、[ioʔ]→[yəʔ]的演变,可以推测撮口呼可能是从齐齿呼演变而来的。全国各方言撮口呼都少于其他三呼的原因之一是[y]音(包括作主要元音和作介音)本身就是后起的,一般认为,[y]音大致出现于明清之际,在中古可能是[iu]一类的音(汪平 2003:21)。因此,撮口呼[y]可能是从齐齿呼[i]因[u]的圆唇作用而形成的。但也不排除因省力原则而将[y]读成[i],显然把嘴撮起来要麻烦一些。

(2)苏州城区[ɿ]与[ʮ]对立,都与舌尖前音[ts]组声母相拼。古鱼、虞、祭韵规律比较强,知章组、日母字都读[ʮ]韵,庄组字读[ɿ]韵。古脂、支、之三韵的规律不太整齐。一般来说,精组和庄组的开口字读[ɿ],合口字读[ʮ];知组和大部分章组字读[ʮ]韵,但有少数几个章组字读[ɿ]韵,如纸[ᶜtsɿ]、屎[ᶜsɿ]、是[ᶜzɿ]、市[ᶜzɿ]、侍[zɿ]、諟[ᶜzɿ]、视[ᶜzɿ]、鲻[ᶜzɿ]等。

苏州郊区唯有太湖只有非圆唇舌尖元音[ɿ],没有与之对立的圆唇舌尖元音[ʮ],故"嘴=纸[ᶜtsɿ]","书生=师生[ᶜsɿ ᶜsã]"。东山虽既有[ɿ]也有[ʮ],但[ɿ]韵字远多于[ʮ]韵字,开口字都读[ɿ]韵,而合口字哪些读[ɿ]、哪些读[ʮ],没有什么规律,甚至不同的东山人也不完全一致,我们调查的两个人,一个东山镇人,一个东山杨湾村人,他们俩就不完全一致。跟苏州城区完全相同的也不多,只有东面的斜塘和北面的蠡口、黄桥、渭塘、北桥、东桥。大部分乡镇(包括唯亭、越溪、横泾、渡村、西山、光福、藏书、香山新派、木渎、东渚、通安、枫桥、望亭、陆慕、太平)与苏州城区基本相同,差别之处就在于脂、支、之三韵的知章组字,有的读[ɿ]多一点,有的读[ʮ]多一点。娄葑古鱼、虞、祭韵与苏州城区相同,古脂、支、之三韵的规律性要比城区强,开口字都读[ɿ]韵,合口字都读[ʮ]韵。

在普通话的影响下,现在苏州话里的止摄字读[ɿ]韵的越来越多,原本读[ʮ]韵的字也在陆续变成[ɿ]韵,以致止摄脂、支、之三韵的字缺乏规律。郊区本应比城区保守,语音变化速度应该比城区慢一些,但从以上我们的调查情况看,郊区现在变得也很多,有些乡镇读[ɿ]韵的字比城区还多。

胜浦、甪直、车坊、郭巷、浦庄、香山老派、镇湖、浒关、油泾话中没有[ʮ]

这个韵母,取而代之的是韵母[ʮ],这是由声母造成的,因为这几个乡镇都有[tʂ]组和[ts]组两套声母,[ʮ]韵不能与[tʂ]组声母相拼,于是[ʮ]韵就取而代之了,[ʮ]韵只与[tʂ]组声母相拼,[ɿ]韵只与[ts]组声母相拼。凡苏州城区读[ʮ]韵的字这几个乡镇都读[ʮ],苏州城区读[ɿ]韵的字这几个乡镇也基本都读[ɿ],但也有个别差异,如胜浦"鲥"读[˛zʮ],浦庄"视"读[˛zʮ]。除了有圆唇的舌尖后韵母[ʮ]以外,还保留非圆唇的舌尖后韵母[ʅ],这是用直和郭巷不同于其他各乡镇的特点,[ʅ]韵也只与[tʂ]组声母相拼,但用直和郭巷的[ʅ]韵已基本消失,仅存留于个别几个字中,如用直话中的"鲥"[˛zʅ],郭巷话中的"视"[zʅ²]、"尸"[˛zʅ],可见用直和郭巷已基本完成[ʅ]韵向[ɿ]韵的合并。胜浦、车坊、浦庄、香山、镇湖、浒关、甪直早已完成[ʅ]、[ɿ]合并,在韵母系统中,[ɿ]与[ʮ]对立,且这两个韵母的对立又带来声母的对立,[ɿ]韵只与[ts]组声母相拼,[ʮ]韵只与[tʂ]组声母相拼,如:"师[˛sɿ]"与"诗[˛ʂʮ]","纸[˚tsɿ]"与"嘴[˚tʂʮ]"。为了严格遵守这条拼合规律,甚至让来自古精母的"嘴"变成[tʂ]母,这违反了声母古今演变的普遍规律,可算是一个特例。可见在研究现代语音系统的规律时,古音来历固然是一条重要规律,但今音内部声韵调结构也常常起作用,以至打破自古以来的音类系统,造成音变的复杂性和方言语音的多样性。

(3) 来自古效摄的韵母在苏州城区读[æ]和[iæ],是苏州话标记性的特色。苏州郊区大部分乡镇也与苏州城区相同,读[æ]和[iæ]。但位于苏州南郊的车坊、郭巷、越溪、横泾、浦庄、渡村及西郊的香山、太湖却读[ʌ]和[iʌ],南郊的6个乡镇可能是受吴江北面松陵、同里、黎里的影响,西郊的两个乡镇可能是受无锡话的影响。从发音情况来看,[ʌ]比较稳定,而[iʌ]不太稳定,有些字发音人会发成[iæ],如"小[siæ]"。叶祥苓在《苏州方言志》中未提及这个音,但我们认为以上8个乡镇早期是读[iʌ]的,可能受苏州城区方言的影响,正处于从[iʌ]到[iæ]的变化过程中,因此出现部分字读[iʌ],部分字读[iæ]的现象。

另外,东山、西山的这一韵母与苏州郊区其他乡镇都不同,读[ɔ]和[iɔ]。其实就吴语而言,读[ɔ]和[iɔ]反而是常见的。北面的常熟,东面的昆山、上海,位于吴江中片和西南片的盛泽、震泽、桃源等镇以及浙江嘉兴、湖州、杭州等地也都读[ɔ]和[iɔ],甚至在官话中也常见,如济南、徐州等。但就苏州地区而言,[ɔ]和[iɔ]显得比较特别,东山和西山有此韵母,可能是受上海话,或者是吴江西南片及浙江嘉兴等地方言的影响。

（4）单元音韵母较多是吴语的特点之一，如苏州城区[ɛ]韵字特别多。但位于苏州东郊的唯亭、胜浦、斜塘、娄葑、甪直、车坊和北面的蠡口、黄桥、太平、油泾以及西面的枫桥、木渎和西南面的东山镇这13个点古蟹摄合口、止摄三等字保留后响复合元音[ei]韵①，因此"来[₋lɛ]"和"雷[₋lei]"不同音，"散[sɛ⁰]"和"岁[sei⁰]"不同音。东山杨湾村比较复杂，蟹摄合口、止摄三等字与帮系和见系声母相拼时读[ei]韵，与端系和知系声母相拼时读[ɐ]韵，因此"杯"和"悲"都读[₋pei]，"最"和"醉"都读[tsɐ⁰]，但"来[₋lɛ]"与"雷[₋lɐi]"也不同音。

郭巷、越溪、渡村、西山[ɛ]韵字也较多，但主要集中于阴声韵中，而其阳声韵咸摄开口谈覃咸韵字和山摄开口寒山韵字的开口度要比[ɛ]稍大，读[ɛ]韵。为了便于比较，我们以郭巷话为例，将其"来、雷、篮"三个字的韵母发音借助实验语音学的方法制作了声学元音图（图2-10）。

一般来说，第一共振峰与元音的舌位高低密切相关，第二共振峰与元音的舌位前后密切相关。图2-10就是以第一共振峰的频率值为纵轴、以第二共振峰的频率值为横轴的声学元音图（纵轴和横轴都以Bark为刻度，标记成对应的Hz）。由于每个人的声道形状大小都有所差异，所以要以发音人的[i]、[a]、[u]三个元音的位置来定出这个发音人的元音声学空间。但由于苏州话在开尾韵中没有前[a]，只有后[ɑ]（东山和太湖除外），因此我们借用了该发音人入声韵的[aʔ]来标记[a]的位置。另外，由于苏州话中标记成[i]的韵母其实是个摩擦元音，而真正音质为一号元音的是标记成[ø]的韵母，因此本图中用[ɪ]来标记[i]的位置。图上"＊"代表"来"的元音位置（F1：578.1，F2：1869.1），"＋"代表"雷"的元音位置（F1：586.2，F2：1880.5），"@"代表"篮"的元音位置（F1：761.2，F2：1943.7）。很明显，"来"与"雷"的元音位置几近相同，而"篮"的元音位置明显要比"来"和"雷"低一点儿。由此我们可以判定"篮"的韵母应该为[ɛ]韵。

---

① 汪平(1996:9)认为"有后响没有前响复元音是苏州话的特点，[uɐ]、[øY]、[ei]都是后响复合元音，[øY][ei]的差别只在圆唇不圆唇"。从苏州话复元音的语图可以看出"前半部分有比较明显的动程，后半部分则有相当长的稳定段，说明这些双元音的后半部分是韵母的主体，它们都可以看作后响复元音"（汪平2011:68）。故苏州郊区的[ei]韵与城区相同，也是后响复合元音，与普通话的[ei]韵不同，虽然二者音标相同，但其实前后元音轻重不同，普通话的[ei]前重后轻，[e]是主要元音，而苏州话的[ei]前轻后重，[i]是主要元音。

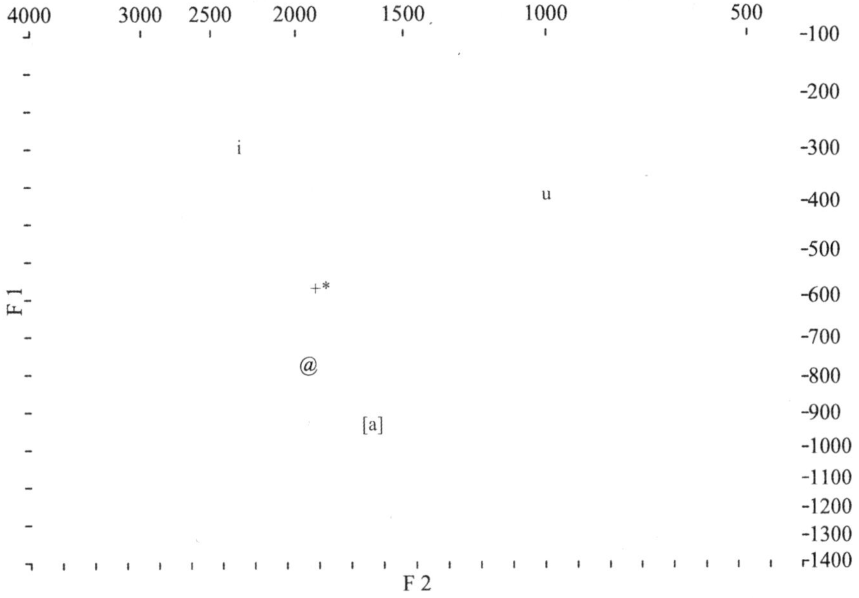

```
      4000    3000 2500  2000     1500      1000       500        -100
       ┘                                                           -200
       -
       -                         i                                 -300
       -                                       u                   -400
       -                                                           -500
    F1 -                    +*                                     -600
       -                                                           -700
       -                       @                                   -800
       -                    [a]                                    -900
       -                                                          -1000
       -                                                          -1100
       -                                                          -1200
       -                                                          -1300
       ┐                                                         ┌-1400
                              F 2
```

图 2-10　郭巷话"来、雷、篮"的声学元音图

叶祥苓在 1980 年对吴县所属各乡作调查时就发现"吴县有二十多个乡'雷''来'不同音,'雷'读 ləi,'来'读 lɛ①"(叶祥苓 1988:6)。这 20 多个乡包括唯亭、跨塘、胜浦、斜塘、娄葑、甪直、车坊、郭巷、长桥、东山镇、东山杨湾、香山、胥口、木渎、枫桥、陆慕、蠡口、黄桥、太平、油泾等(见《苏州方言志》方言地图第 4 图)。可见,30 多年前蟹摄灰韵字读[ei]韵的比现在要多。叶祥苓认为东山杨湾"雷"的韵母与东山镇相同,是复合元音[əi]。但从图 2-11-1 和图 2-11-2 这两个音的语图,我们可以看出前者的 3 个共振峰基本和横轴平行,略有动程,但动程很小,可以算是一个单元音;而后者的 3 个共振峰明显与横轴不平行,第一共振峰有一个向下运动,第二共振峰有一个大的向上运动,说明这个元音有比较明显的动程,是一个从中元音向前高元音滑动的复元音。因此,我们认为东山杨湾和东山镇"雷"的韵母是不同的,前者是单元音,后者是复元音。

---

① 叶祥苓在《苏州方言志》第 6 页上"来"标注的是[ɛ]韵,但在第 10 页上又改标为[E]韵,前后不一致。"雷"的韵母叶祥苓记作[iə],但我们认为[ei]更合适。

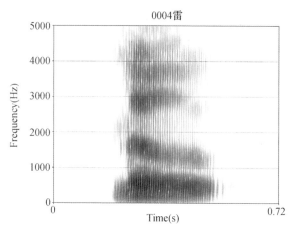

图 2-11-1　东山杨湾"雷"

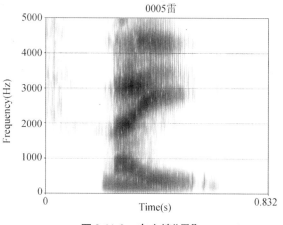

图 2-11-2　东山镇"雷"

（5）叶祥苓先生在《苏州方言志》(1988:7)中提到苏州城区流摄侯韵、尤韵字读[ʏ]韵(本文记作[øʏ]①)，吴县的东部、南部和东北部有20多个乡读[əi]韵(本文记作[ei])。时隔30多年，我们对苏州郊区(原吴县)的方言情况进行再调查时，发现各个乡镇流摄侯韵、尤韵字的韵母差异比较大，分化情况较复杂，详见表2-9。

---

①　汪平先生(1996:9)认为苏州城区年轻人正由圆唇的[øʏ]变为不圆唇的[ei]，若记作[ʏ]，就无法做出合理解释和描述。

表 2-9　苏州郊区古流摄侯韵、尤韵的今读韵母比较

调查点\例字	流开一侯韵			流开三尤韵								
	走	楼	狗	抽	手	瘦	酒	秋	九	牛	休	有	油
唯亭	tsei	lei	kei	tsʰei	sei	sei	tsø	tsʰY ø	tɕYø	ȵYø	ɕYø	Yø	Yø
胜浦	tsei	lei	kei	tsʰei	sei	sei	tsø	tsʰø	tɕYø	ȵYø	ɕYø	Yø	Yø
斜塘	tsei	lei	kei	tsʰei	sei	sei	tsY	tsʰY	tɕY	ȵY	ɕY	Y	Y
娄葑	tsei	lei	kei	tsʰei	sei	sei	tsø	tsʰø	tɕYø	ȵYø	ɕYø	Yø	Yø
甪直	tsei	lei	kei	tsʰø	sø	sei	tsY	tsʰY	tɕY	ȵY	ɕY	Y	Y
车坊	tsei	lei	kY	tsʰei	sei	sei	tsY	tsʰY	tɕY	ȵY	ɕY	Y	Y
郭巷	øz	lø	kø	tsʰø	sø	sø	tsʰø	tsʰø	tɕYø	ȵYø	ɕYø	Yø	Yø
越溪	tsei	lei	kei	tsʰei	sei	sei	tsei	tsʰei	tɕYø	ȵYø	ɕYø	Yø	Yø
横泾	ɜz	el	ke	tsʰɜz	sɜ	sɜ	tsɜ	tsʰɜ	tɕYø	ȵYø	ɕYø	Yø	Yø
浦庄	øz	lø	kø	tsʰøz	sø	sø	tsøz	tsʰø	tɕYø	ȵYø	ɕYø	øy	øy
渡村	tøY	løY	køY	tsʰøY	søY	søY	tsøY	tsʰøY	tɕY	ȵY	ɕY	Y	Y
东山	tsei	lei	kei	tsʰei	sei	sei	tsei	tsʰei	tɕY	ȵY	ɕY	Y	Y
杨湾	tsɜ	lɜ	kɜ	tsʰɜ	sɜ	sɜ	tsɜ	tsʰɜ	tɕY	ȵY	ɕY	Y	Y
西山	tøY	løY	køY	tsʰøY	søY	søY	tsøY	tsʰøY	tɕY	ȵY	ɕY	Y	Y
太湖	tsei	lei	kei	tsʰei	sei	sei	tsei	tsʰei	tɕY	ȵY	ɕY	Y	Y
光福	tsei	lei	kei	tsʰei	sei	sei	tsei	tsʰei	tɕY	ȵY	ɕY	y	y
藏书	tsei	lei	kei	tsʰei	sei	sei	tsei	tsʰei	tɕY	ȵY	ɕY	y	y
香山	tsei	lei	kei	tsʰei	sei	sei	tsei	tsʰei	tɕiei	ȵiei	ɕiei	iei	iei
木渎	tsei	lei	kei	tsʰei	sei	sei	tsei	tsʰei	tɕYø	ȵYø	ɕYø	Yø	y
镇湖	tʌø	lʌø	kʌø	tsʰʌø	sʌø	sʌø	tsʌø	tsʰʌø	tɕYø	ȵYø	ɕy	i	y
东渚	tsei	lei	kei	tsʰei	sei	sei	tsei	tsʰei	tɕYø	ȵYø	ɕy	i	y
通安	tsei	lei	kei	tsʰei	sei	sei	tsei	tsʰei	tɕYø	ȵYø	ɕYø	Yø	y
浒关	tsø	lø	kø	tsʰø	sø	sø	tsø	tsʰø	tɕYø	ȵYø	ɕYø	Yø	Yø
枫桥	tsei	lei	kei	tsʰei	sei	sei	tsʰei	tsʰei	tɕY	ȵY	ɕY	Y	Y
陆慕	tsei	lei	kei	tsʰei	sei	sei	tsʰei	tsʰei	tɕY	ȵY	ɕY	Y	Y
鲞口	tsei	lei	kei	tsʰø	sø	sei	tsø	tsʰø	tɕYø	ȵYø	ɕYø	Yø	Yø
黄桥	tsei	lei	kei	tsʰø	sø	sei	tsø	tsʰø	tɕYø	ȵYø	ɕYø	Yø	Yø
渭塘	tsei	lei	kei	tsʰei	sei	sei	tsei	tsʰei	tɕYø	ȵYø	ɕYø	y	y
北桥	tsei	lei	kei	tsʰei	sei	sei	tsei	tsʰei	tɕYø	ȵYø	ɕYø	y	y

续表

例字 调查点	流开一侯韵			流开三尤韵								
	走	楼	狗	抽	手	瘦	酒	秋	九	牛	休	有	油
东桥	tsø	lø	kø	tsʰø	sø	sø	tsøʏ	tsʰøʏ	tɕʏø	ŋʏø	ɕʏø	ʏø	ʏø
望亭	tsøʏ	løʏ	køʏ	tsʰøʏ	søʏ	søʏ	tsøʏ	tsʰøʏ	tɕʏ	ŋʏ	ɕʏ	y	y
太平	tsei	lei	kei	tsʰɐ	sɐ	sei	tsɐ	tsʰɐ	tɕʏ	ŋʏ	ɕʏ	ʏ	ʏ
油泾	tsei	lei	kei	tsʰɘ	sɘ	sei	tsʏ	tsʰʏ	tɕʏ	ŋʏ	ɕʏ	ʏ	ʏ

我们先撇开流开三尤韵的见系字（由于其韵母规律与其他不同，因此放在后面再讨论），可以发现古流摄侯韵、尤韵字（见系声母除外）在今苏州郊区各乡镇方言中的韵母有 6 种，即复元音韵母[øʏ]、[ei]、[ʌɪ]和单元音韵母[ø]、[ɘ]、[ʏ]。

苏州郊区有 23 个乡镇读[ei]韵或以[ei]韵为主，约占三分之二，有绝对优势。我们将这 23 个乡镇分为两大类：第一类以苏州西郊为主，包括西面的太湖、光福、藏书、香山、木渎、东渚、通安、枫桥以及南面的越溪，西南面的东山镇和北面的陆慕、渭塘、北桥，这 13 个乡镇古流摄侯韵、尤韵字（见系声母除外）统一都读[ei]韵；第二类主要分布于苏州的东郊和北郊，包括东面的唯亭、胜浦、斜塘、娄葑、甪直、车坊及北面的蠡口、黄桥、太平、油泾，这 10 个乡镇除了车坊（流摄侯韵的见系字读[ʏ]）以外，流摄侯韵字都读[ei]韵，但流摄尤韵字不统一，出现分化。根据流摄尤韵字的分化情况，这 10 个乡镇又可分为三小类：第一小类都分布于苏州东郊，除流摄尤韵的精组字以外其余都读[ei]韵，唯亭、胜浦、娄葑流摄尤韵的精组字读[ø]韵，斜塘、车坊由于靠近吴江，受吴江话影响读[ʏ]韵，其中受吴江话影响最大的是与吴江接壤的车坊，[ʏ]韵除了能拼舌面[tɕ]类声母和舌尖前音[ts]类声母以外，还能拼齐齿呼、撮口呼不能拼的舌根[k]类声母，故车坊流摄侯韵的见系字也读[ʏ]韵；第二小类是只有流摄尤韵的庄组字读[ei]韵，黄桥流摄尤韵的精组字和知章组字读[ø]韵，太平读[ɐ]韵，唯有庄组字读[ei]韵，油泾和甪直则更为复杂，精组与知章组又出现分化，精组都读[ʏ]韵，知章组油泾读[ɘ]韵，甪直读[ø]韵；第三小类只有位于北郊的蠡口，除流摄尤韵的知章组字读[ø]韵以外，其余都读[ei]韵。

除了以上分析的 23 个乡镇以外，渡村、西山和望亭 3 个点跟苏州城区老派一样，古流摄侯韵、尤韵字（见系声母除外）都读[øʏ]韵；镇湖都读[ʌɪ]韵（与宝山罗店相同）；浦庄、浒关、东桥都读[ø]韵（与崇仁相同）；郭巷除流摄尤韵的庄组字读[ei]韵外其余都读[ø]韵。由于流摄尤韵的知章组和庄组字出现分化,因此蠡口、黄桥、太平、甪泾、甪直、郭巷这6个乡镇"手"与"瘦"不同音。

横泾、东山杨湾流摄的今读韵比较特别,有点接近上海话的"欧"[ɤ]韵,但又不完全相同。上海话的[ɤ]是后元音,而且有明显的动程,所以钱乃荣(1992:45)记作[ɤɯ]。而这个韵比[ɤ]前,且动程很小。为了进一步确定这个韵的音值,我们特意借助实验语音学的方法制作了声学元音图。

图 2-12 是以第一共振峰的频率值为纵轴、以第二共振峰的频率值为横轴的声学元音图(纵轴和横轴都以 Bark 为刻度,标记成对应的 Hz)。我们以发音人的[i]、[a]、[u]三个元音的位置来定出这个发音人的元音声学空间①。根据这三个参考点,我们可以判定这个元音(见图上 * 号所标注的地方)是位置偏高一点的央元音。语图结合听感,我们将这个音记作[ø]、[ɤ]之间的不圆唇央元音[ɘ]。

太平、甪泾也有这个韵,但只存留于流摄尤韵的知章组和精组的字中。我们推测早些时候这个韵的分布范围可能更广,但随着与其他乡镇和城区的语言接触,[ɘ]韵逐渐消失。

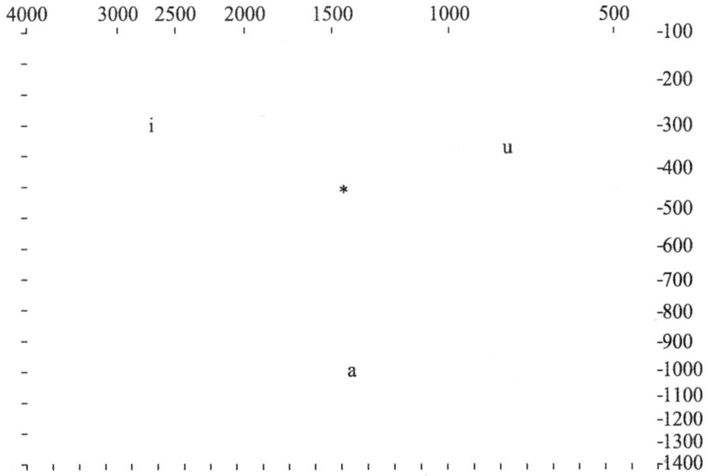

图 2-12　横泾流摄今读韵的声学元音图

---

① 由于苏州话在开尾韵中没有前[a],只有后[ɑ](东山和太湖除外),因此我们借用了该发音人入声韵的[aʔ]来标记[a]的位置。另外,由于苏州话中标记成[i]的韵母其实是个摩擦元音,而真正音质为一号元音的是标记成[ɿ]的韵母,因此本图中用[ɿ]来标记[i]的位置。

下面我们再来分析流开三尤韵的见系字。苏州城区流摄尤韵的见系字很有规律，统一都读[ɣ]韵。但苏州郊区各乡镇之间并不一致，且同一乡镇内部也不完全一致，没有什么规律，基本以[ɣ]与[ɣø]两韵为主，且各占一半。这样混乱无规律的分布说明这个韵正处于一种动态变化的过程中。西部的香山读复元音韵[iei]，保留[i]介音，显得更古老一些，因为尤韵作为三等韵，在中古时期是带有[i]介音的，后来在大多数吴语的知系声母后面失落，但在见系声母后仍然保留[i]介音的较多，如启东吕四、常州、无锡、常熟、嘉兴等。

尤韵见系字内部出现分化的主要有西部的光福、藏书、木渎、镇湖、东渚、通安、枫桥以及北部的渭塘、北桥、望亭这10个乡镇。分化主要出现于见晓组与影组声母之间，光福、藏书、渭塘、北桥、望亭流摄尤韵的影组字读撮口呼[y]韵；木渎、通安、枫桥在影组内部又出现分化，唯独以母的"油"读[ɣ]韵；镇湖和东渚则更为复杂，见组（读[ɣø]韵）、晓组（读[y]韵）与影组字的韵母都不同，甚至在影组内部还出现分化，云母"有"读齐齿呼[i]韵，以母"油"与晓组相同，读撮口呼[y]韵。以上西部和北部的10个乡镇的共同之处在于流摄以母"油"都读撮口呼[y]韵，流摄读[y]韵或是[i]韵在全国各方言都是很少见的，比较特别。

至于[ɣø]和[ɣ]这两个韵母，在老派苏州城区话中是分得很清楚的，"圆"[₌ɣø]≠"油"[₌ɣ]、"卷"[ₒtɕɣø]≠"九"[ₒtɕɣ]、"权"[₌dʑɣø]≠"球"[₌dʑɣ]，但近年来，城区年轻一辈有人都说[ɣø]，也有人都说[ɣ]，还有人二者都说，随便变，说话者自己也不知道，可见在城区这两个韵母已有趋同、混淆不分的趋势，逐渐变成自由变体（汪平2011，杨佶2004）。苏州郊区的情况似乎更为复杂，根据我们的调查，东部的唯亭、胜浦、娄葑，南部的郭巷、越溪、横泾、浦庄，西部的木渎、镇湖、东渚、通安、浒关，北部的蠡口、黄桥、渭塘、北桥、东桥这17个乡镇没有[ɣ]韵，除了上文提到的部分比较特别的字读[y]或[i]韵以外，其余都读[ɣø]韵，故这17个乡镇"卷"="九"[ₒtɕɣø]、"权"="球"[₌dʑɣø]。而甪直、东山、太湖则相反，没有[ɣø]，只有[ɣ]，故"圆"="油"[₌ɣ]、"卷"="九"[ₒtɕɣ]、"权"="球"[₌dʑɣ]。其余12个乡镇则都能区分[ɣø]和[ɣ]。①

---

① 香山没有[ɣ]韵，取而代之的是[iei]韵，[iei]与[ɣø]区分得比较清楚。

从我们的调查情况看,在苏州郊区不分[ʏø]、[ʏ]的乡镇多于分[ʏø]、[ʏ]的乡镇,东郊、西郊及北郊的大部分乡镇不分[ʏø]、[ʏ],分[ʏø]、[ʏ]的乡镇主要分布于东南、西南和东北郊三个角上,这种交叉分布体现的应该是一种正在变化中的状态。按目前的情况看,苏州郊区不分[ʏø]、[ʏ]占更大优势。从社会语言学的角度来看,郊区的语言变化速度一般比城区慢一些,且我们的发音人大部分都是中年人,若说城区年轻一辈影响郊区中年一辈导致郊区[ʏø]、[ʏ]不分,似乎解释不通。因此,我们推测苏州郊区原本是不分[ʏø]、[ʏ]的,但随着农村城市化的发展日益增强,大量城里人搬到郊区居住,同时,很多农村人也跑到城里工作、生活。在这样的大环境下,语言接触是不可避免的,语言的影响应该不是单向的,而是双向的。先是郊区受城区影响,部分乡镇、部分人开始分[ʏø]、[ʏ],但由于郊区不分[ʏø]、[ʏ]仍占更大优势,因此城区年轻一辈易受郊区影响,也不分[ʏø]、[ʏ]。于是就出现了目前郊区和城区比较复杂多变的情形。

(6) 部分韵摄在城区是不混的,在郊区却是相混、合并的。比如蟹止摄与流摄的合并。上文已提到唯亭、胜浦、斜塘、娄葑、甪直、车坊、东山镇、木渎、枫桥、蠡口、黄桥、太平、浒泾这13个点古蟹摄合口、止摄三等字与流摄侯韵字都读[ei]韵,于是"雷"与"楼"同音,都读[˪lei]。又如流摄与咸摄的合并,浒关、东桥、郭巷、浦庄、横泾这5个点流摄侯韵、尤韵字(见系声母除外)与咸摄覃韵字合流。前4个点都读[ø]韵,因此"偷"与"贪"同音,都读[tʰø],"秋"与"参"同音,都读[˪tsʰø]。横泾是读一个比较特别的韵[ɘ](此韵的声学元音图见上文图2-12)。

除了两个韵摄的合流以外,还有三个韵摄的合流。东山杨湾将蟹止摄、流摄、咸摄都合流了,而且这个韵的发音与横泾完全相同,也是[ɘ],故"推"="偷"="贪"[˪tʰɘ]。

从古音来看,流摄、咸摄与蟹摄、止摄没有渊源关系,今全国各方言中很少见同音的,所以是很特殊的语音现象。原因可能是音值相近,逐渐产生混同,跟古音来历无关。

(7) 古通摄与臻、曾、梗摄的字相混,"东"读"登"[ən]韵,"熊"读"赢"[in]韵,这一独特的语音现象主要集中于苏州南郊的几个点——郭巷、越溪、横泾、浦庄以及西郊的枫桥和北郊的太平。故这6个乡镇"东"与"登"同音,都读[˪tən];"熊"与"赢"同音,都读[˪in]。这一语音现象是湘语的

主要特征,但在苏州及周边地区很少见①,因此显得比较特别。

叶祥苓 30 年前就已发现"苏州南部有十个乡'东'读 tən,北部陆慕乡和太平乡的三个调查点也读 tən"(叶祥苓 1988:5)。可见这一特征由来已久,但也在发生变化,现在"东"读[ən]韵的点比 30 年前少多了,即使至今仍保留这一特征的 6 个点也仅存留于镇政府下辖的自然村。由于当地镇上的人认为[ən]这个音比较土,且镇上人与城里人的接触交流较频繁,受城里人的影响,镇上人都已改读[oŋ]韵,只有村里的中老年人还保留[ən]韵。根据这 30 年来的变化情况,我们可以推测可能再过几十年苏州郊区的这一语音特征将会完全消失。

至于"熊"读[in]这一语音特征叶祥苓在《苏州方言志》中未提及。上文提到胜浦、斜塘、甪直、车坊、郭巷、横泾、浦庄、渡村、通安、枫桥、黄桥、渭塘、北桥、东桥、太平、泗泾这 16 个点古臻合三的见系字不读[yn]韵,而读[in]韵,因此郭巷、横泾、浦庄、枫桥、太平这 5 个乡镇古臻曾梗通摄相混,"云、赢、熊"三字同音,都读[˳in]。

(8) 老派苏州话有明显的前[a]与后[ɑ]的区别,如"畅"[tsʰã˚] ≠ "唱"[tsʰɑ̃˚],"鸭"[aʔ˳] ≠ "压"[ɑʔ˳]。但近 40 年来,苏州城区后[ɑ]与前[a]在鼻化韵和入声韵前逐渐合并,现都读作前[a],只有[aʔ iaʔ ã iã],没有[ɑʔ iɑʔ ɑ̃ iɑ̃],这是新派苏州话的一个显著特点(汪平 1996:16,杨佶 2004:18)。苏州郊区的语音变化速度要比城区缓慢得多,故现今绝大部分乡镇仍然保留老派苏州话的特点,仍然区分前[a]与后[ɑ]。只有东山和太湖两个点与其他乡镇不同,太湖鼻化韵只有前[ã],没有后[ɑ̃],故"张、庄"不分,都读[˳tsã];东山入声韵只有前[aʔ],没有后[ɑʔ],故"袜、麦"不分,都读[maʔ˳],"甲、脚"不分,都读[tɕiaʔ˳]。东山、太湖地处太湖边,远离苏州城区,应该不容易受新派苏州城区话的影响,东山、太湖的这一语音现象应该由来已久,而不是变化的结果。

三、声调

苏州郊区 32 个乡镇②的声调比较表如表 2-10 所示:

---

① 据郑伟(2013:237),吴江和昆山的一些乡村东韵也读如登韵。
② 由于东山镇和东山杨湾村的声调相同,香山渔帆村和梅舍村的声调相同,为便于列表,我们将东山镇和东山杨湾村合并为"东山"一个点,香山渔帆村和香山梅舍村合并为"香山"一个点。故声调比较表中只有 32 个点。

表 2-10 苏州郊区声调比较表

调查点	平声清	平声浊	上声全清	上声次清	上声浊	去声全清	去声次清	去声浊	入声全清	入声次清	入声浊	声调数
唯亭	44	223	51		231	512		2312	5		23	8
胜浦	44	223	51		231	523		231	54		23	7
斜塘	44	223	51		231	523		2323	54		23	8
娄葑	44	223	51		231	512		231	5		23	7
甪直	44	223	51	41	231	523		2323	5	4	23	10
车坊	44	223	51		231	512	313	2312	54	34	23	10
郭巷	44	223	51		231	523		2312	5		23	8
越溪	44	223	51		232	523		231	5	4	23	9
横泾	44	223	51	22	231	51		231	54	34	23	8
浦庄	44	223	51	22	231	51		231	5		23	7
渡村	44	223	51		231	51		231	5		23	6
东山	51	2323	523		31	34			5	4	3	8
西山	44	223	51		231	34			5	4	3	8
太湖	44	223	51		231	512		2312	54		34	8
光福	44	223	51		231	512		2312	5		23	8
藏书	44	223	51		231	523		2312	5		23	8
香山	44	223	51		231	523	231	2312	5	4	23	9
木渎	44	223	51	33	231	523		2312	5	4	3	10
镇湖	44	223	51		231	523		2312	5	4	3	9
东渚	44	223	51		231	523		2312	5		3	8
通安	44	223	51		231	523		2312	51		231	8
浒关	44	223	51		231	523		2312	5		3	8
枫桥	44	223	52		231	512		2312	5		3	8
陆慕	44	223	51		231	523		231	54		3	7
鬉口	44	223	51		231	523		231	54		3	7
黄桥	44	223	51		231	523		2312	54		3	8
渭塘	44	223	51		231	523		2312	5		3	8

续表

调查点	平声		上声			去声			入声			声调数
	清	浊	全清	次清	浊	全清	次清	浊	全清	次清	浊	
北桥	44	223	51		231	523		2312	5		23	8
东桥	44	223	51		231	523		2323	54		3	8
望亭	44	223	51		231	523		2312	5		23	8
太平	44	223	51		231	523		2312	5		3	8
浒泾	44	223	52		231	523		231	5		3	7

苏州郊区各点的声调大多比城区多,8个的占多数。总的来看,东部和北部各乡镇的声调数差异不大,8个或7个;而南部和西部各乡镇的声调数差异较大,最多的有10个,如甪直、车坊、木渎,最少的只有6个,如渡村。除东山、西山的去声(不分阴阳,凡古去声字今都读34调)以外,其余各点古平上去入都按声母清浊各分阴阳,且清声母的调值一般都比相对应的浊声母高,有部分乡镇次清不跟全清走,而跟浊声母走,或单独立调,关于这一现象我们将在后面加以详述。

除了个别几个乡镇以外,苏州郊区各点阴平、阳平、阴上、阴入、阳入的调值与苏州城区大致相同,这一情况决定了它们同为苏州郊区方言的很重要的共同特征。关于阴平的调值,各地吴语主要有两种模式,高平调和高降调。一般来说,太湖周围都是高平调,长江沿线多为高降调。苏州西傍太湖,故苏州城区及郊区大部分乡镇都是高平调44,唯独东山很特别,是高降调51,与东面的上海和北面的常熟相同。除了阴平以外,东山的阳平(升降升调2323)、阴上(降升调523)、阳上(低降调31)、去声(短升调34)的调值和调型也都与其他乡镇不同,足见东山是一个比较特殊的点,关于东山的独特之处我们将在第四章集中讨论。

关于阴去的调值,苏州郊区很多乡镇,如唯亭、胜浦、斜塘、娄葑、车坊、越溪、太湖、浒关、枫桥、陆慕、蠡口、黄桥、渭塘、北桥、东桥等都与新派苏州城区话一样,有不上升的趋势,虽然目前大部分阴去字还是降升调523或512,但我们发现有一些字已经变成高降调51。从发音原理上讲,降升调比降调多拐一个弯,省力原则也会导致音由难向易演变。因此,苏州郊区阴去的调型由降升调向降调演变的趋势将会日益明显。位于南郊的3个乡镇——横泾、浦庄、渡村阴去都是高降调51,已经完成阴去与阴上的合并。城区阴去由降升调变为高降调,可能也是在语言接触中受到郊区的影响。

入声各点都是清高浊低,若次清单独立调,则调值居全清与浊之间。从调型来看,除了通安以外,其余各点阴入一般有两种模式——短促的高平调或略微下降,阳入也有两种模式——短促的低平调或略微上升。

通安的特别之处在于入声不明显,有向舒声合并的趋势。通安话中的古入声字在单念时喉塞音尾比较轻,也不短促,但还是能听出有喉塞音尾的。在调型上,阴入ʔ51,接近阴上51(见下图"一"与"古");阳入ʔ231,接近阳上231(见下图"白"与"稻")。

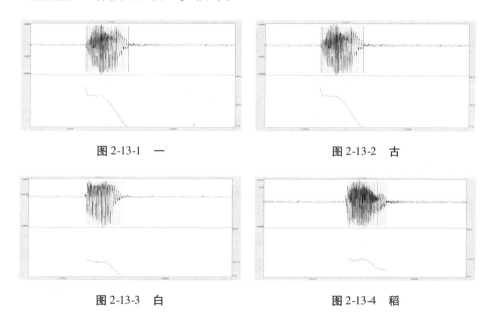

图 2-13-1　一　　　　　　　　　图 2-13-2　古

图 2-13-3　白　　　　　　　　　图 2-13-4　稻

以下4张图是通安话中的入声字与其他字连读时的表现,其入声字位于后字位置与前字位置时表现有所不同。

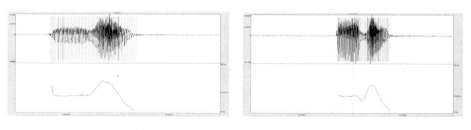

图 2-14-1　第一　　　　　　　　图 2-14-2　蛋白

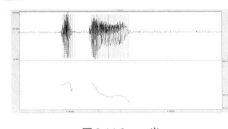
图 2-14-3 一半

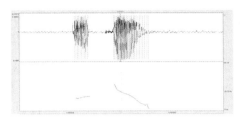
图 2-14-4 白酒

从以上 8 张图我们可以看出，入声字"一"[iəʔ]、"白"[bɑʔ]在单念或位于后字位"第一""蛋白"时，声调不短促，喉塞音尾比较轻，接近舒声字；而位于前字位"一半""白酒"时，声调变短促，喉塞音尾比较明显，能感到是通常认为的入声。由此可见，通安话的入声正处于逐渐消亡之中，这种消亡首先发生在后头没有字的语音环境下，喉塞音尾变弱，音长加长，整个声调显得舒缓，调值也跟舒声字靠拢，有向舒声字合并的趋势。当后头紧跟别的字时，由于后字的催促，前字显得匆忙，从而目前仍保留入声短促的特点。

总的来看，苏州郊区方言在声调方面不同于城区的最重要的两个特点是：第一，约三分之二的点次清声母的声调不同于全清；第二，约三分之二的点阳去与阳上不混。下面我们将详细讨论这两大特点。

（一）次清分调

声调依声母全清和次清分化，这是吴江话最大的特点，已引起很多专家学者的关注（赵元任 1928，叶祥苓 1958/1983，张拱贵、刘丹青 1983，石汝杰 2006，汪平 2008/2010）。早在 30 年前，叶祥苓对吴县所属 37 个乡做面上调查时就发现"吴县的南部和西部有 20 多个乡（包括娄葑、车坊、郭巷、越溪、横泾、浦庄、渡村、东山、西山、太湖、光福、藏书、香山、木渎、镇湖、东渚、通安、望亭等）阴调类中的上声、去声、入声，全清和次清调值不同"（见《苏州方言志》方言地图第 10 图）。30 年后的今天我们对这一地区进行再调查时，发现与吴江毗连的苏州东南郊及西北郊共 20 多个乡镇仍然保留这一特点，这说明在苏州近郊次清声调不同于全清的现象这 30 年来一直存在，没有消退，而且这种现象不是孤立和偶然的，而具有一定的普遍性。

从上文表 2-10 可以清楚地看出，在我们调查的所有乡镇中古平声全清与次清都同调，有 21 个乡镇——胜浦、娄葑、用直、车坊、郭巷、越溪、横泾、浦庄、渡村、东山、西山、太湖、藏书、香山、木渎、镇湖、东渚、通安、浒关、东桥、望亭古上、去、入三声有次清分调的现象,但每个乡镇次清分调的声调种类有所不同,有多有少。其中与吴江毗连的位于苏州南面的车坊、郭巷、越溪、横泾、浦庄、渡村以及西面的香山次清分调的调类最多,三类声调都依声母全清与次清分化;其次是娄葑、甪直、木渎、太湖、西山、镇湖,有两类声调次清不同于全清;其余8个乡镇则只有一类声调有次清分调现象。

将我们的调查结果与叶祥苓的调查结果加以比较,可以发现一些不同之处,主要表现在三个方面:第一,叶祥苓的方言地图(《苏州方言志》方言地图第10图)显示胜浦、甪直、浒关、东桥4个乡及其下属的自然村全清与次清声母字调值相同,光福镇及其下属的自然村全清与次清声母字调值不同,但根据我们的调查,前4个乡镇有次清分调的现象,而光福镇并没有次清分调现象。若说光福30年前有次清分调现象,30年来由于受苏州城区话影响而逐渐消失,应该说得过去;但说胜浦、甪直、浒关、东桥30年前没有次清分调现象,30年后反而出现这种现象,这就显得有些反常,很难解释了。第二,根据叶祥苓的描述,"通安阴上、阴去分全清、次清,但阴入却不分全清、次清。东渚则只有阴上分全清、次清,阴去、阴入不分全清、次清"(叶祥苓1988:6)。但其他乡镇的具体情况叶祥苓没有提及,且在地图上显示的是上、去、入三类声调的调值是否相同,这似乎表示其他乡镇上、去、入三声都分全清、次清。然而根据我们的调查,只有车坊、郭巷、越溪、横泾、浦庄、渡村、香山这7个乡镇古上、去、入三声依声母全清与次清分化,而娄葑、甪直、木渎、太湖、西山、镇湖有两类声调次清不同于全清,胜浦、东山、藏书、东渚、通安、浒关、东桥、望亭则只有一类声调有次清分调现象。原因可能是历经30年,原来上、去、入三类声调都分全清、次清的乡镇由于与城区的语言接触增多而受其影响,全次清分调的调类减少。第三,根据叶祥苓的听感,所有全清和次清调值不同的乡镇,其全清与次清的调型基本不变,只是全清起音高,次清起音低,全清去的调值为513,次清去的调值为413,全清入的调值为5,次清入的调值为3,只有阴上全清是高降调51,而次清不仅起音比全清低,而且收音时还稍稍上扬,读降升调412(叶祥苓1988:6、11)。但根据我们的调查,各乡镇次清的调值并不是像叶祥苓所说的那样一致,且不但调值与全清不同,其调型也与全清相差很大。如胜浦、越溪、香山全清去是一个降升调523,而次清去却是一个升降调231;横泾、浦庄全清上是一个高降调51,次清上却是一个低平调22。全次清的调型已异化为不平行。跟上声、去声相比,入声的调型比较整齐、有规律,大多都是全清入是一个短促的高平调5或者略微下降54,次清入比全清入低一点,4或者略微上升34。上声和去声的全次清调型的异化现象可能是语音发展变化的结果,也许最初的时候是平行的调型,只是次清比全清起音低一点儿,但后来慢慢异化为不同调型。

至于次清声调的归类问题,各家见仁见智,有的三分(将次清声母字单立一调),有的二分(将次清声母字与浊字合并)。由于缺乏可用来比字的唯一差别字,我们也只能凭主观判断了。本研究对次清声母字声调的归类宗旨是:若古次清与浊声母字的调值接近(从起点到终点都相差0.5度以内且调型相似),就处理为阳调;若次清与浊字的调型不同或从起点到终点的调值都相差超过0.5度,就单立次阴调。我们选择上、去、入三声都依声母全清与次清分化的车坊话声调为例来加以分析(图2-15)。

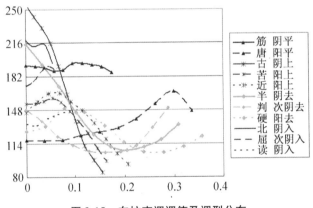

图2-15　车坊声调调值及调型分布

通过Praat比对,古上声次清字与浊字的调值接近(见上图"苦"和"近"),只是次清字的起点比浊字略微高一点,中点比浊字略微低一点,相差大约只有0.25度,差别很小,没有区别性意义,因此我们就不将其单独立调,与浊字一同归入阳上。次清去(见上图"判")是一个降升调313,比全清去(见上图"半")512的起音低,且降与升的幅度差不多,是曲线形,而浊去(见上图"硬")是一个升降升调2312,是浪线形,二者的调型不同,因此我们分作阴去、次阴去和阳去三个调。全清入(见上图"北")是一个高降的短调,而次清入与浊入(见上图"屈"和"读")都是短促的升调,但次清入的调值比浊的略高,起点和终点都相差约1度,因此我们分立阴入、次阴入和阳入,次阴入比阴入低、比阳入高,位置处于两者之间,调型接近阳入。

其他 20 个乡镇的次清声母字的声调也都按照以上这一原则加以归类。如果次清字单独立调,声调总数就多,最多的达到 10 个调;如不单独立调,声调数就少,最少的只有 6 个调。总的来看,在调值的调域上,全清高,浊低,如单立次清,则居前二者之间。这与吴江方言声调的特征一致。这种声调分化既是声母历时演变的结果,又受到共时作用的影响。

中国传统音韵学将清声母分全、次,浊声母也分全、次。从现代语音学的角度解释,全清是不带音不送气(实际是送气较少)的塞音、塞擦音,次清是不带音送气(实际是送气较多)的塞音、塞擦音,全浊是带音的塞音、塞擦音、擦音,次浊是带音的鼻音、边音等。根据石锋(1983)的实验结果,不送气清塞音影响后接元音基频升高,浊塞音影响后接元音基频降低,而送气清塞音对后接元音基频的影响处于二者之间。因此,声母带音会使声调降低,不带音声母也会因送气,或者说,因送气较强而使声调降低,但降的幅度没有带音声母那么大。

(二) 阳上、阳去的分合

古全浊上声今归阳去,这是一条普遍规律。全国各地的方言大多都是按这条规律来处理的,苏州城区方言也是如此,只不过除了全浊上声以外,次浊上声也与浊去字的调值相同,都是升降调231,故将古浊上声归入阳去,与古浊去归入一类,这样苏州城区话就没有阳上。

但苏州郊区不然,郊区有 24 个乡镇阳上、阳去是不混的,其中 21 个乡镇(唯亭、斜塘、甪直、车坊、郭巷、太湖、光福、藏书、香山、木渎、镇湖、东渚、通安、浒关、枫桥、黄桥、渭塘、北桥、东桥、望亭、太平)阳上、阳去的调值和调型比较一致,来自于古浊上的字应归阳上,读升降调231;来自于古浊去的字应归阳去,读升降升调2312 或 2323,要拐两个弯,成浪线形。另外 3 个乡镇——东山、西山、越溪阳上、阳去的调值和调型稍有不同:东山阳上是一个低降调31,而阳去却是一个短升调34;西山阳上也是升降调231,但阳去与东山相同;越溪阳上、阳去的调值和调型非常接近,都是升降调,阳上调值为232,阳去为231,只差了一点儿,但能区别意义。总的来说,苏州郊区多数方言都能区分阳上、阳去,体现了郊区与城区的又一不同特征,阳上、阳去不混,且阳去是一个先升后降的浪线调型是苏州郊区方言的一个普遍特征。

但也有 8 个乡镇——胜浦、娄葑、横泾、浦庄、渡村、陆慕、蠡口、泖泾古浊上与浊去调值相同,且都是升降调231,与苏州城区相同。既然这 8 个乡镇浊上与浊去不分,那应该合并为阳上还是阳去呢?关于这个问题我们将在第四章进行深入讨论,在此就不再赘言。

比较我们的调查结果与叶先生的调查结果,有一些语言事实不完全相同。叶先生的调查结果是城区和紧靠城区的10来个乡(包括跨塘、斜塘、娄葑、横塘、越溪、枫桥、陆慕、黄桥等)及东山、西山"范"与"饭"读同一声调(见《苏州方言志》方言地图第9图)。但根据我们的调查,东山、西山、枫桥、黄桥、越溪这5个乡镇阳上、阳去是不混的,应读不同声调。为了进一步证实,我们分别取东山、西山的浊上字"坐"和浊去字"大"来进行比较,从以下4张图,我们可以明显地看到东山、西山阳上与阳去是不混的,调值和调型完全不同。

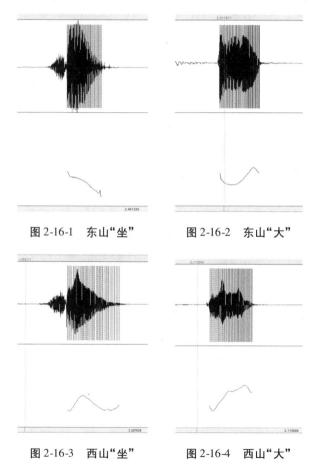

图 2-16-1　东山"坐"　　　图 2-16-2　东山"大"

图 2-16-3　西山"坐"　　　图 2-16-4　西山"大"

总的来说,叶先生调查出来的阳上、阳去不分的乡镇比我们多。语言演变的方向应该是阳上、阳去合并,若30年前这5个乡镇就已完成合并,那30

年后怎么又会出现分化呢?

不过,在我们的调查中也发现,阳上、阳去相混的现象似乎正在扩散,即使阳上与阳去不混的24个乡镇中也都有部分阳去字发音人会发成阳上231调,这说明阳上、阳去合并的趋势正在增强。从发音原理上讲,阳去2312调比阳上231调要多拐一个弯,拐的弯越多发音越费力,省力原则也会导致音由难向易演变。因此,多种因素决定了升降升的阳去调会逐渐向231的阳上调靠拢。也许很多年前苏州城区及郊区都分阳上和阳去,但随着阳去逐渐向阳上靠拢,阳去、阳上相混的地区日益增多,或许再过几十年,苏州郊区也听不到拐两个弯的阳去调了。

第三章 词 汇

第一节 代 词

一、人称代词

郊区的三身人称代词要比城区复杂得多。这种复杂情形主要表现为两个方面:第一,郊区的人称代词形式总体上比城区多得多,各个乡镇都不一样;第二,乡镇与乡镇之间的人称代词差异较大,虽然大部分代词之间有同源关系,但还有一些似乎很难找出其渊源所在(表3-1)。

表3-1 苏州城区与郊区的三身人称代词

	城区	郊区
第一人称单数	我 ŋueu²	我 ˬŋeu、奴 ˬneu、吾 ˬŋ
第一人称复数	伲 ˬni	伲 ˬni、我伲 ˬŋueu ˬni、我里 ˬŋeu ˬli、吾涅 ˬŋ ˬniəʔ、阿伲 aʔ ˬni
第二人称单数	倷 ˬnE	倷 ˬnE、□ˬnei、□ˬnʌI、□ˬnø、□ˬnə、□ˬnøY、□ˬnI、□ˬnəʔ
第二人称复数	唔笃 n² toʔ	唔笃 n toʔ、唔得 n təʔ、唔搭 n taʔ、□笃 ˬnei toʔ
第三人称单数	俚 ˬli、唔倷 n ˬnE	俚 ˬli、夷 ˬi、唔倷 n ˬnE、唔□n ˬnei、唔□n ˬnʌI、唔□n ˬnə、夷□ˬi ˬnei
第三人称复数	俚笃 ˬli toʔ	俚笃 ˬli toʔ、夷笃 ˬi toʔ、俚得 ˬli təʔ、夷得 ˬi təʔ、俚搭 ˬli taʔ

（一）第一人称单数

赵元任先生(1928:95)早在20世纪初就调查发现苏州话第一人称单数除了[ŋəu]以外,还有一个较少的说法[nəu]和一个更少的说法[ŋ]。谢自立(1988)说苏州话第一人称单数说[ŋ]在城里已听不到了,但在乡间还有。现根据我们的调查,[ŋ]仅出现于东山和西山,跟近邻吴江的震泽、七都、芦墟、黎里、同里、松陵的说法相同。[nəu]和[ŋəu]仅声母发音部位不同,[nəu]应该是[ŋəu]的前身,早在明代就出现了,冯梦龙编的《山歌》中,第一人称单数形式除了"我"之外还有"奴"[nəu],当时多用作年轻女性的自称(石汝杰2009:248),现在苏州郊区使用的[ˬnəu]已不分性别。

根据陈忠敏、潘悟云(1999:14)的推测,今天的[ŋəu]是[ŋ]和[nəu]的合音,[ŋ]+[nəu]→[ŋəu]。我们推测,早期苏州城区和郊区(东山、西山除外)都说"奴"[nəu],清末的吴语文献中还是用"奴"来指称说话人自己,后来城区音变为[ŋəu],估计赵元任于20世纪20年代调查的时候正是城区即将完成[nəu]向[ŋəu]演变的时刻,故赵先生发现除了[ŋəu]以外,还有一个较少的说法[nəu]。之后随着郊区与城区方言接触的日益增多,郊区部分乡镇也慢慢发生音变,导致目前郊区"我"[ˬŋəu]与"奴"[ˬnəu]的分布呈现势均力敌之势:北部和南部的大部分乡镇已变为"我"[ˬŋəu],但整个东部以及西部远离城区的一些乡镇仍然保留"奴"[ˬnəu]。据石汝杰(2013:85)的调查,昆山南部(包括周庄、南港、大市等乡镇)第一人称单数至今也仍保留"奴"[nəu]的说法,而北部和中部(以玉山镇为代表的昆山方言)也已音变为"我"[ŋəu]。可见昆山第一人称单数的演变与苏州是基本相同的,从苏州东郊至昆山南部"奴"[nəu]的分布至今依然非常稳定。

苏州郊区第一人称单数代词说法的分布(图3-1)与叶祥苓(1988:28)当年的调查结果基本相同,除了个别乡,如枫桥,当年说"奴"[ˬnəu],现已改说"我"[ˬŋəu]了。这说明近30年来郊区第一人称单数代词的说法基本没有什么变化。

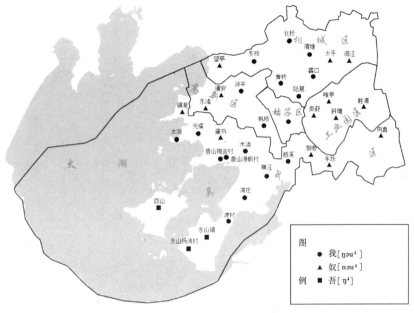

图 3-1　苏州郊区的"我"

（二）第二人称单数

郊区第二人称单数的形式较多,有 8 种,但声母都是[n],韵母的差别较大。明代冯梦龙编的《山歌》中,第二人称单数是"你/你侬"。陈忠敏、潘悟云(1999:13)认为当时的"你"最有可能的读音就是[n̩],"你侬"即是[n̩ noŋ]。赵元任先生(1928:96)在《现代吴语的研究》中记录苏州话第二人称单数除了"倷"[nɛ]以外,还有一个较少的说法"唔"[n̩],但是我们在调查中未发现这一形式,叶祥苓(1988)《苏州方言志》中也没有,说明[n̩]是一种比较古老的形式,消失已久。根据明清吴语文献,单数第二人称"倷（耐）"是从清代中期开始出现的,到清末已普遍使用,早期的旧形式"唔（唔侬）"反而很少见到了(石汝杰 2009:11)。

由于苏州郊区部分乡村至今仍保留"东"韵[oŋ]读如"登"韵[ən]这一语音特征,我们推测早期苏州城区及周边地区,东韵也读如非圆唇的登韵,后来受北方官话的影响,圆唇的[oŋ]逐渐取代非圆唇的[əŋ]或[nɛ],以至目前只有苏州郊区及吴江、昆山少数一些乡村仍保留东韵读如登韵的语音特征。从苏州及周边地区的第二人称单数代词也能清楚看出这一音变发展:上海、罗店、周浦、余姚都说[noŋ],昆山变为[nen],常熟说[nɜn],太仓说[nɛ],苏州城区及北郊陆慕、黄桥说[nE],蠡口、北桥说[nəʔ],盛泽是[nnəʔ]和[ne]并用,到嘉兴即为[ne]。可见,共时的地理分布往往能反映出历时的音变发展。

noŋ→nəŋ→nɣ̃ n→ɛn→nou
　　　↓　　　　↓
nəʔɛn←nə←ne←nE

如图3-2所示,郊区8种第二人称单数形式中,[ˤnei]的使用最广泛,分布于整个东部以及西部的大部分地区。我们发现凡是说[ˤnei]的调查点其古流摄的泥母字都读[ei]韵,镇湖说[ˤnʌI],浦庄说[ˤnø],横泾、东山杨湾说[ˤnə],西山、渡村说[ˤnøY],其韵母不同似乎都缘于古流摄在这些点的今读音不同。我们由此推测,郊区第二人称单数可能源于古流摄泥母。而位于西北面的通安、浒关、望亭、东桥、渭塘说[ˤnɪ],可能是由近邻无锡、宜兴、常州、溧阳、靖江的[n̩i]音变而来,应属同一类,钱乃荣(1992:716)称之为"你"[n̩i]系。这个"你"似乎又可以对应于古日母止摄的"你(尔)"。梅祖麟《南北朝的江东方言与现代方言》(1995)又从音韵演变的角度来证明苏

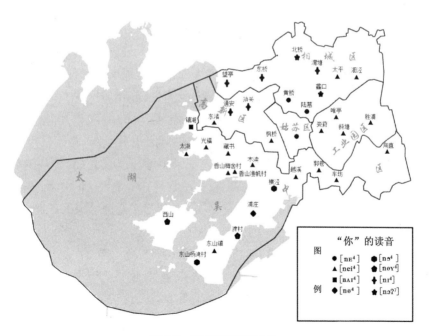

图3-2　苏州郊区的"你"

州话第二人称[nɛ]的本字是"汝"①,即古日母遇摄鱼韵。以上三种推测到底哪个是符合语源事实的尚不明,各家从不同角度加以推断,得出的结果也往往是不同的,只能提供一个参考。

据石汝杰(2013:85)的调查,昆山南部(包括千灯、石浦、南港、大市等乡镇)第二人称单数至今也仍保留[nei]的说法。可见,昆山南部的第二人称单数形式与苏州东部、西部相同,且都保存稳固,未受城区影响。

根据叶祥苓(1988:29)的调查,郊区只有陆慕一个点第二人称单数说"倷"[⁽nɛ],时隔30年,我们调查发现郊区除了陆慕以外,还有黄桥说"倷"[⁽nɛ]。可见,"倷"的扩散速度很慢,30年才往西北面扩散了一个点。与叶祥苓(1988)的调查结果不同的还有:叶没有[⁽nʌɪ]和[⁽nøʏ],镇湖与西面其他点一样说[⁽nei],西山、渡村与南面其他点一样说[⁽nø];通安、渭塘不说[⁽nɪ],而说[⁽nei];东桥不说[⁽nɪ],而说[⁽nəʔ];东渚不说[⁽nei],而说[⁽nɪ]。另外,叶祥苓调查最北面靠近常熟的4个村说[⁽nən],东南角靠近吴江的4个村说[⁽nɑ](详见《苏州方言志》"苏州方言地图第12图"),这些村我们没有调查,因此不加以评说。

(三) 第三人称单数

明代吴语文献中第三人称单数有"渠"和"渠侬"两种形式。清末《海上花列传》中第三人称单数出现了"俚""俚乃"。赵元任先生(1928:96)在《现代吴语的研究》中记录苏州话单数第三人称也有两种形式:"俚"[⁽li]和"俚倷"[li nɛ]。但是现在"俚倷"[⁽li nɛ]已经消失,苏州城区说"俚"[⁽li]和"唔倷"[⁽n nɛ²],由此我们可以认为"唔倷"[⁽n nɛ²]应该是从"俚倷"[⁽li nɛ²]音变而来。不但在城区消失了,现在郊区也听不到"俚倷"[li nɛ]。叶祥苓(1988:30)的《苏州方言志》中还记录斜塘、车坊、光福、望亭少数几个点说[⁽li nɛ],但是根据我们的调查,这些点现在都不说[⁽li nɛ]。由此我们可以推测,"俚倷"[li nɛ]应该就是在这30年当中逐渐消失的。

郊区三身代词中,第三人称似乎是最不稳定的,不但形式多,而且分布比较凌乱(图3-3),叶祥苓(1988:30)当年的调查结果也显示"他"的分布是最没有规律的,而且与我们的调查结果差别较大,叶没有[⁽n nei]、[⁽n nʌɪ]、[⁽n nəʔ]、[⁽i nei],我们没有[⁽li nɛ]。这说明郊区第三人称正处于一种动态变化中,自身的新旧更替,再加上乡镇与乡镇之间以及乡镇与

---

① 转引自陈忠敏、潘悟云(1999)。

城市之间的语言接触,使其分布处于一种动荡变化的过程中,还未形成一个较为整齐规律的态势。

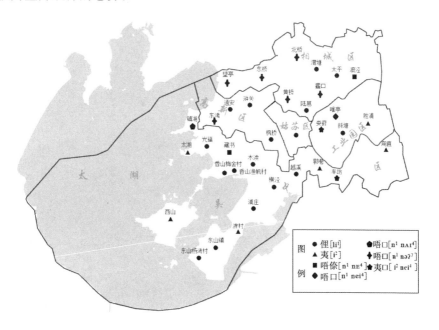

图 3-3 苏州郊区的"他"

(四) 复数

苏州郊区的三身人称代词都采用附加词尾的方式来构成复数。吴语中的复数词尾大部分来自处所词。明清吴语文献中,第一人称复数形式是"我里(俚/哩)","倪(伲)"[n̩i]的产生比较晚,直到晚清才"突然"出现,替代了"我里(俚/哩)",并得到极广泛的使用(石汝杰 2009:11)。因此,太湖说"我里"[ŋəu ˬli],应该是比较旧的形式,与近邻无锡、常熟、昆山、盛泽一样,以处所词"里"作复数词尾,有兼指地点的作用,表示"我们这里"。北桥、斜塘、木渎说"我伲"[ˬŋəu ˬn̩i],可能是由"我里"[ˬŋəu ˬli]音变而来,"里"[li]在前面"我"[ŋəu]的鼻音声母影响下变成"伲"[n̩i]。罗店也说"我伲",上海话原来"我们"也说"我伲"(钱乃荣 1992:717)。现在苏州城区和郊区(东部、西部和北部)大范围使用的"伲"[n̩i]是一种留后舍前的省略说法,其音变过程可能是:[ŋəu li]→[ŋəu n̩i]→[n̩i]。

从图 3-4 我们可以看出,郊区东、西、北部基本统一说"伲"[ˬn̩i],唯独南部比较特别。越溪、横泾、浦庄、渡村、香山、西山说"吾涅"[ˬŋ n̩iəʔˬ],东山说"阿伲"[a˨˩ˈȵi]①,"阿"的本字是"我"(戴昭铭2003),因此"阿伲"也就是"我伲",宁波、上海话中的"阿拉"也兼表示复数。

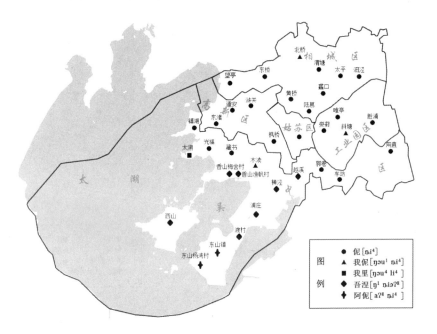

图3-4 苏州郊区的"我们"

我们对第一人称单复数的调查结果与叶祥苓(1988:31)的调查结果大致相同②,我们发现,跟第二、第三人称相比,这30年来第一人称的变化是最小的。

"搭"[taʔ]是吴语中最常用的处所词,苏州话指示地点时都有处所后缀"搭",如"哀搭"[ˈɛ taʔ˳](这里)、"掰搭"[gəʔ˳ taʔ˳](那里)、"小王搭"(小王那儿)。[taʔ]元音后高化变为[təʔ],进而变为[toʔ],苏州郊区第二、第三人称代词复数后缀就是这三个③,而城区只用"笃"[toʔ],[toʔ]应该是由[taʔ]和[təʔ]音变而来,即:[taʔ]→[təʔ]→[toʔ]。

郊区第二人称单数声母都是[n],与其对应,复数也都以[n]开头。从图3-5可以看出,郊区东、西、北部基本都说"唔笃"[ˈn toʔ˳],与城区相同;

---

① 实际的发音是[ɦia˨˩ˈȵi],本文将浊擦音声母[ɦ-]并入零声母,故标为[a˨˩ˈȵi]。
② 不同之处在于叶祥苓记录"太湖、香山、木渎、斜塘"的第一人称复数读[ˈȵi]。
③ 叶祥苓的《苏州方言志》中只有[toʔ]和[təʔ]。

最东面的用直和南面的浦庄、渡村、东山、香山说"唔得"[ˊn təʔ˳]。叶祥苓（1988:32）记录东山杨湾村与东山镇一样说[ˊn tə˳]，但我们调查发现杨湾村与东山镇不同，说"唔搭"[ˊn taʔ˳]，与罗店相同。另外，根据叶祥苓（1988:32）的调查，香山和太湖都说[ˊn toʔ˳]，但我们在香山调查了两个村——梅舍村和渔帆村，两个村的发音人都说[ˊn təʔ˳]。太湖说[ˊnei toʔ˳]，可能是较古老的形式，其第二人称单数与复数形式对应得比较好，[ˊnei]（你）—[ˊnei toʔ˳]（你们）。

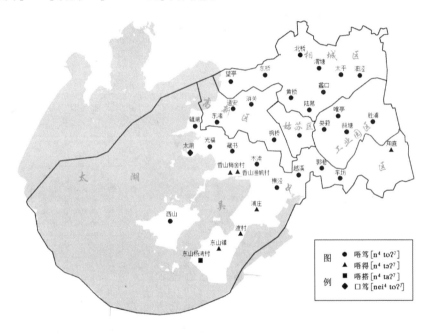

图 3-5 苏州郊区的"你们"

郊区第三人称单数以"俚"[˳li]和"夷"[˳i]为主，故其复数形式与之对应，也都以"俚"[˳li]和"夷"[˳i]开头，后面加上"笃"[toʔ]、"得"[təʔ]、"搭"[taʔ]三个词尾构成（图 3-6）。与第二人称复数一样，第三人称以"搭"为词尾的也只有东山杨湾村，说"俚搭"[˳li taʔ˳]，叶祥苓（1988:33）《苏州方言志》中没有[˳li taʔ˳]，杨湾村与东山镇一样说[˳li təʔ˳]。第二人称复数以"得"为词尾的乡镇，其第三人称复数也以"得"为词尾，但分别跟在"俚"和"夷"的后面，东山、浦庄、香山说"俚得"[˳li təʔ˳]①，用直、渡村说

---

① 叶祥苓记录香山说[˳li toʔ]。

"夷得"[｡i tə ʔ]。第二人称复数以"笃"为词尾的乡镇,其第三人称复数也以"笃"为词尾,东部、西部以"夷笃"[｡i toʔ]为主,北部说"俚笃"[｡li toʔ],与城区相同。而根据叶祥苓(1988:33)的调查,北部、西部以[｡li toʔ]为主,东部和西山说[｡i toʔ]。

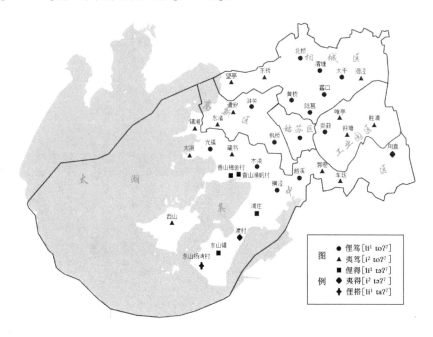

图3-6　苏州郊区的"他们"

我们发现,第二人称复数与第三人称复数之间存在着一种比较密切的对应联系,第二人称复数以"笃"[toʔ]、"得"[tə ʔ]、"搭"[taʔ]为词尾的,其第三人称复数也分别以"笃""得""搭"为词尾。郊区东、西、北部基本以"笃"为词尾,"得"和"搭"主要出现在南部。①"笃"[toʔ]是从"得"[tə ʔ]和"搭"[taʔ]音变而来,因此南部仍保留比较旧的形式;北部说"唔笃"[｡n toʔ]和"俚笃"[｡li toʔ],与城区完全相同,是语音演变最快的;东部和西部说"唔笃"[｡n toʔ]和"夷笃"[｡i toʔ],正在向城区靠近,属过渡阶段。

（五）小结

从以上的分析,我们可以看到苏州郊区的三身人称代词确实要比城区复杂得多,造成这种复杂面貌的原因主要有两个。其一,郊区方言既与邻近

---

①　东面的甪直以"得"[tə ʔ]为词尾,应该是受近邻昆山的影响。

方言接触,又与城区方言互动。从地理上看,苏州郊区包裹着苏州城区。郊区东临昆山,南接吴江,西傍太湖,北靠常熟,西北面又与无锡接壤,长久以来或多或少会受到这些近邻的影响。郊区东南西北不同区域本已形成各自不同的人称代词系统,但近年来随着经济、交通、社会的发展,农村城市化的进程加快,郊区与城区的语言接触日益增加,各乡镇之间的接触也越来越频繁,因此就容易形成一种动态变化的局面,外来的代词系统跟本地原有的代词系统相互影响、相互竞争,造成了同一地点人称代词不规则、不配套的复杂性。其二,代词是封闭类词,其音变往往会脱离一般的语音规则,音变的不规则性,又增加了郊区三身代词系统的复杂性。通过比较苏州郊区的三身代词系统,我们发现:第一人称最稳定,共时差异和历时变化都是最小的;第三人称单数最不稳定,形式多、差异大、无规律;第二人称居中。

根据苏州郊区三身代词(尤其是复数形式)的共时语音分布,我们大致可以将郊区划分为三片——南片、东西片和北片。南片最保守,语音演变速度最慢,与城区差别最大;北片最时髦,语音演变速度最快,与城区差别最小;东西片居中。赵元任先生(1980:104)说:"原则上大概地理上看得见的差别往往也代表历史演变上的阶段。"我们从苏州郊区南片、东西片、北片的三身代词形式就可以看到苏州方言三身代词历时演变的过程。

二、指示代词

前贤对苏州城区的指示代词已有很多研究(小川环树 1981;李小凡 1984/1998;张家茂、石汝杰 1987;谢自立 1988;叶祥苓 1988/1993;石汝杰 1999;汪平 2011),大家一致认为苏州城区的指示代词三分,即其基本形式有三套:"哀"[$_{\subset}$ ᴇ]/"该"[$_{\subset}$ kᴇ]、"弯"[$_{\subset}$ uᴇ]/"归"[$_{\subset}$ kuᴇ]、"搿"[gə $?_{\supset}$],"哀"和"该"、"弯"和"归"分别是自由变体,前者是近指,后者是远指,争论的要点在"搿"。小川环树(1981)和叶祥苓(1993)先生认为"搿"为"中指",而大多数学者则认为这三套指示代词不在一个平面上,不是远、中、近三指,"搿"在距离范畴上是中性的、无标记的指示代词,没有明确的远近,它既可指近,也可指远,跟"哀/该"对用时近似远指,跟"弯/归"对用时近似近指。由于"搿"有不确定性、随意性、距离中性化的特点,因此有人称它为"泛指",也有人称它为"兼指""特指"或"定指"。

苏州郊区的指示代词范畴比系统三分的苏州城区复杂,既有三分,又有

二分。本研究主要讨论指示处所的代词。从表3-2我们可以看出苏州郊区的指示代词比较复杂,而且正处于一种动态的变化中,因此显得缺乏规律,分布不整齐。因此我们的调查结果也只能给大家提供一个参考,我们实在不敢说语言事实一定就是如此,因为语言事实本身太复杂,调查又是如此艰难。不过,我们从下表的调查结果也能看出些规律来。

表3-2 苏州城区与郊区的处所指代词

调查点	第一个	第二个	第三个
城区	哀搭[‿ɛ taʔ] 该搭[‿kɛ taʔ]	弇搭[gəʔ₂ taʔ]	弯搭[‿uɛ taʔ] 归搭[‿kuɛ taʔ]
唯亭	哀搭[‿ɛ taʔ]	弇搭[gəʔ₂ taʔ]	弇面点[gəʔ₂ mɪ tɪ]
胜浦	哀搭[‿ɛ taʔ]	弇搭[gəʔ₂ taʔ]	弇面[gəʔ₂ mɪ]
斜塘	该滩[‿kɛ tʰɛ]	弇滩[gəʔ₂ tʰɛ]	弯滩[‿uɛ tʰɛ]
娄葑	该滩[‿kɛ tʰɛ] 该面[‿kɛ mɪ]	弇滩[gəʔ₂ tʰɛ] 弇面[gəʔ₂ mɪ]	弯滩[‿uɛ tʰɛ] 弯面[‿uɛ mɪ]
甪直	哀爿[‿ɛ bɛ] 哀搭[‿ɛ taʔ]	弇爿[gəʔ₂ bɛ] 弇搭[gəʔ₂ taʔ]	弯爿[‿uɛ bɛ] 弯搭[‿uɛ taʔ]
车坊	该搭[‿kɛ taʔ]	弇搭[gəʔ₂ taʔ]	弯搭[‿uɛ taʔ]
郭巷	该滩[‿kɛ tʰɛ]	弇滩[gəʔ₂ tʰɛ]	弯滩[‿uɛ tʰɛ]
越溪	该搭[‿kɛ taʔ]	弇搭[gəʔ₂ taʔ]	弇面手[gəʔ₂ mɪ sei]
横泾	该搭[‿kɛ taʔ]	弇面[gəʔ₂ mɪ]	归面[‿kuɛ mɪ]
浦庄	该搭[‿kɛ taʔ]	弇搭[gəʔ₂ taʔ]	
渡村	该搭[‿kɛ taʔ]	弇搭[gəʔ₂ taʔ]	
东山	该搭[‿kɛ taʔ]	弇搭[gəʔ₂ taʔ]	
杨湾	该搭[‿kɛ taʔ]	弇搭[gəʔ₂ taʔ]	
西山	弇搭[gəʔ₂ taʔ]	勾搭[‿køʏ taʔ]	
太湖	该搭[‿kɛ taʔ]	弇滩[gəʔ₂ tʰɛ]	
光福	哀搭[‿ɛ taʔ] 该搭[‿kɛ taʔ]	弇搭[gəʔ₂ taʔ]	归搭[‿kuɛ taʔ] 弯搭[‿uɛ taʔ]
藏书	哀搭[‿ɛ taʔ]	弇搭[gəʔ₂ taʔ]	勾搭[‿kei taʔ]

续表

调查点	第一个	第二个	第三个
香山	哀滩[$_c$E t^{h}E] 哀搭[$_c$E taʔ]	辫滩[gəʔ$_2$ t^{h}E] 辫搭[gəʔ$_2$ taʔ]	归面[$_c$kuE mɪ] 归搭[$_c$kuE taʔ]
木渎	哀搭[$_c$E taʔ]	辫搭[gəʔ$_2$ taʔ]	归面手[$_c$kuE mɪ sei]
镇湖	该滩[$_c$kE t^{h}E]	辫滩[gəʔ$_2$ t^{h}E]	勾面[$_c$kei mɪ]
东渚	哀搭[$_c$E taʔ]	辫搭[gəʔ$_2$ taʔ]	勾面[$_c$kei mɪ]
通安	哀搭[$_c$E taʔ]	辫搭滩[gəʔ$_2$ taʔ t^{h}E]	归搭滩[$_c$kuE taʔ t^{h}E]
浒关	哀搭[$_c$E taʔ]	辫搭[gəʔ$_2$ taʔ]	弯搭[$_c$uE taʔ]
枫桥	哀搭[$_c$E taʔ]	辫搭[gəʔ$_2$ taʔ]	归搭[$_c$kuE taʔ]
陆慕	哀搭[$_c$E taʔ]	辫搭[gəʔ$_2$ taʔ]	弯搭[$_c$uE taʔ]
蠡口	该搭[$_c$kE taʔ]	辫搭[gəʔ$_2$ taʔ]	辫面点[gəʔ$_2$ mɪ tɪ]
黄桥	哀搭[$_c$E taʔ]	辫搭[gəʔ$_2$ taʔ]	弯搭[$_c$uE taʔ]
渭塘	哀搭[$_c$E taʔ]	辫搭[gəʔ$_2$ taʔ]	
北桥	哀搭[$_c$E taʔ]	辫搭[gəʔ$_2$ taʔ]	
东桥	哀搭滩[$_c$E taʔ t^{h}E]	辫搭滩[gəʔ$_2$ taʔ t^{h}E]	归搭滩[$_c$kuE taʔ t^{h}E]
望亭	哀搭滩[$_c$E taʔ t^{h}E]	辫搭滩[gəʔ$_2$ taʔ t^{h}E]	归搭滩[$_c$kuE taʔ t^{h}E]
太平	哀搭[$_c$E taʔ]	辫搭[gəʔ$_2$ taʔ]	
油泾	该搭[$_c$kE taʔ]	辫搭[gəʔ$_2$ taʔ]	

从表 3-2 和图 3-7 看，郊区西南部的指示代词只有两个，应该是二分的，其余地区大多都有 3 个，应该是三分的。但北部最北面的 4 个点——北桥、渭塘、太平、油泾，没有问到第三个，一种可能是这 4 个点确实只有两个，还有一种可能是有第三个，但发音人一时反应不出来或发音人自身不习惯说第三个。我们更倾向于后者，因为从地理分布看，北部其余各点基本都有 3 个，而且最北面的这 4 个点邻近常熟，常熟老派也有 3 个。

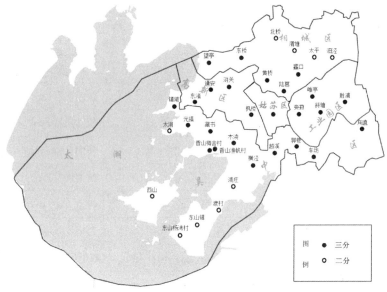

图3-7 苏州郊区的指示代词范畴

二分的指代词系统关系比较简单,第一个是近指,第二个是远指。除了西山以外,西南部其余几个点第一个都是"该"[˛kε],第二个都是"孲"[gəʔ˛],表示处所的语素都是"搭"[taʔ]。西山第一个是"孲"[gəʔ˛],第二个是"勾"[˛køʏ],这在苏州全区是很特别的。

苏州郊区三分的指代词第一个是"哀"[˛ε]或"该"[˛kε],第二个是"孲"[gəʔ˛],这与苏州城区完全相同。第三个大多与城区相同,用"弯"[˛uε]或"归"[˛kuε],但西部有3个点(藏书、镇湖、东渚)用"勾"[˛kei]。还有4个点(唯亭、胜浦、越溪、蠡口)则是以变换处所语素来与第二个加以区分,第二个是"孲搭"[gəʔ˛ taʔ],第三个是"孲面"[gəʔ˛ mɪ]、"孲面点"[gəʔ˛ mɪ tɪ]或"孲面手"[gəʔ˛ mɪ sei]。"搭"和"面"的不同在于:"搭"类注重某个地点(区域),而"面"类侧重某个方向(石汝杰1999:93),因此"孲面"一般用于指远。至于这4个点是否也有"弯/归",我们不得而知,发音人说没有,但有可能只是发音人自己不习惯说,我们实在不敢仅凭此就断定这4个点没有"弯/归",因为毕竟郊区大部分点都有。以后若有机会我们会再去当地找其他人问问,目前只能存疑了。

"哀"[˛ε]—"弯"[˛uε]、"该"[˛kε]—"归"[˛kuε]这两组都以介音[u]的有无表示远近对立,前组是后组脱落声母[k]的零声母形式,这体现了语音象似性的原则。但在实际使用中是比较随意的,近远对立并不要求必须发生在同组内部,可以交叉搭配,"哀"可以跟"归"搭配,"该"也可以跟"弯"搭配,这在郊区、城区都如此。据石汝杰(1999:91)的研究,"该"和"归"是"哀"和"弯"的旧形式。根据我们的调查,苏州郊区东南部和西南部用"该"较多,郊区南部相对最保守,语言变化速度最慢,由此来看"该"有可能是旧形式;而目前郊区"归"和"弯"的使用率相当。我们推测郊区早期可能多用"该""归",后受城区影响,"哀""弯"的使用率逐渐增加,以至目前"该"和"哀"、"归"和"弯"在使用上没有任何差别,可以自由替换,非常随意。

三分的指代词系统关系比较复杂,见图3-8:

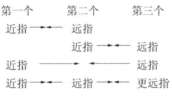

图3-8 三分指代词的距离关系

三套指代词之间的距离关系与苏州城区基本相同。从图3-8 我们可以明显地看到,三套指代词并不在同一个平面上,所谓"三分"的指代词系统其实是由若干个二分的子系统分层构成的。通常情况下距离的对立只靠一个子系统完成,而这些子系统都是二分对立的(刘丹青、刘海燕2005:104)。图上箭头体现了相对使用、语义对立的关系。第二个指代词"辂"不是一种独立的距离概念,只是距离上无标记,所以可近可远。在与第一个的近指相对时,它起的是远指的作用;在与第三个的远指相对时,它起的是近指的作用;当三个同时出现时,第二个"辂"相对第一个是远指,所以其第三个相对就不再是远指而是更远指。如:我坐勒该搭,倷坐勒辂搭,俚坐勒弯搭(我坐在这儿,你坐在那儿,他坐在那儿)。

除了对用以外,这三套指代词也可以单独使用。当单用时,第一个一般用于距听说双方都近的对象;距听话人近、说话人远时,一般会选用第二个;当无关远近,说话人并不想凸显距离义时,一般也都会使用第二个;只有当说话人想要突出距离之远时(一般为目力不及之处),他才会选用第三个。所以第二个的使用率远比第三个要高。可能是由于"辂"具有随意性、可近可远,因此在吴语地区"辂"的分布是最广的,而且有泛化的趋势。上海老派近指用"迪"[dɪʔ],年轻人却用"辂";昆山原来有近指和远指之分,现在中

青年中只有一指:"㝵搭"[gəʔ˰taʔ]或"哀搭"[₌ɛ taʔ](钱乃荣 1992:717 - 718);吴江盛泽、震泽近指、远指都用"㝵"(刘丹青 1999:112)。

跨语言和跨方言考察表明,假如不同范畴的指代词在语义细度方面存在差异,那么总是遵循"处所＞个体＞时间＞程度、方式"的等级序列,即越在左边的分得越细或至少不会比右边的更粗(刘丹青、刘海燕 2005:107)。因此任何一种方言的指示代词中处所指代词都是分得最细的。这也是我们主要调查研究处所指代词的原因。指示处所的代词以基本指代词加上处所语素构成。处所语素多数虚化程度很高,不能单用,而且每种方言(包括普通话)的处所语素一般都不止一个,同一个人可以随便换用,不同的人可能各有习惯使用的说法,没有一定之规。苏州城区的处所语素很丰富,有"搭"[taʔ]、"搭点"[taʔ˰tɪ]、"搭滩"[taʔ˰tʰɛ]、"面"[mɪ]、"面点"[mɪ˰tɪ](石汝杰 1999:93)。总的来说可以分成"搭"类和"面"类,这两类的区别上文已有说明。苏州郊区除了城区的这些处所语素以外,还有一个比较常用的就是"滩"[˰tʰɛ],"～滩"带有浓厚的"乡下口音",似乎已经成为区分"城里人"和"城外人"的一个标志性的特点。越溪和木渎还保留"面手"[mɪ˰sei],这个处所语素是比较老的,早期郊区应该是广泛使用的。另外,用直用"爿"[˰bɛ],这在苏州全区是比较特别的,可能是受其东面上海、宝山的影响。上海有"㝵面爿"[gəʔ˰mɪ bɛ],宝山有"特爿"[dəʔ˰bɛ]的说法(钱乃荣 1999:718)。

第二节 名　词

一、时间名词

本研究选择了郊区与城区差异较大的4个时间名词作为研究对象,这4个时间名词分别是:今天、明天、前天、大前天。叶祥苓(1988)当时只调查了"今天"。

(一) 今天、明天

"今天""明天"在苏州城区说"今朝"[₌tɕin tsæ]、"萌朝"[₌mən tsæ](新派说"明朝"[₌min tsæ])。根据岩田礼(2007:21)的研究,"今朝""明朝"(合称为"朝"类,含有"早上"义)的分布领域相当一致,至今还保留在长江流域以及江西和福建西部;"明朝"历史悠久,"今朝"是后起的说法,是类化于"明朝"所致。

根据我们的调查,"今朝""明朝"的"朝"[tsæ]①目前在郊区约有三分之一的乡镇变读为"交"[tɕiæ],主要分布于东部、西部和北部(见图3-9和图3-10)。多数是"今朝"[ˌtɕin tsæ]、"明朝"[ˌmən tsæ]和"今交"[ˌtɕin tɕiæ]、"明交"[ˌmən tɕiæ]共用,一般老年人多用"交",而中青年人多用"朝"。但也有几个点(胜浦、郭巷、陆慕、蠡口、黄桥)"今天"说"今朝"[ˌtɕin tsæ],而"明天"说"明交"[ˌmən tɕiæ],这是一种混用的现象,说明这个词语的说法正处于逐渐变化的过程中,相对于"明天","今天"的说法受城区的影响更大。

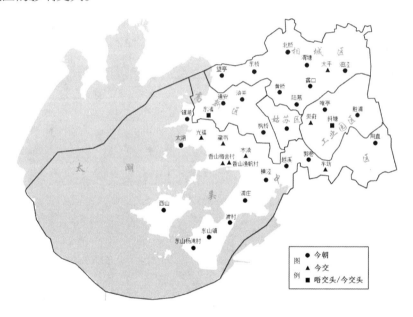

图3-9 苏州郊区的"今天"

按照古今音的演变规律,古知母的"朝"今应读[ts]声母,郊区变读为[tɕ]声母,应该是后起的,之后又因受苏州城区话的影响而逐渐变回[ts]声母。现在郊区用"朝"类的乡镇是古已有之,还是经历了[tsæ]→[tɕiæ]→[tsæ]的音变过程,很难判定。我们推测可能两者都有,位于南部的越溪、横

---

① 由于古效摄字在苏州郊区有三种不同的韵母,因此"朝"在苏州郊区有三种不同的读音,即[tsæ]、[tsʌ]、[tsɔ],"交"也有两种读音:[tɕiæ]和[tɕiʌ]。由于同样一个词在各地发音不同,为了避免干扰,我们在画方言地图的时候就只列汉字,不注音了。

泾、浦庄、渡村、东山及西部的西山和太湖,属于最保守的区域,语音演变速度较慢,这些点现在都用"朝"类,可能是古已有之。

叶祥苓(1988:14)在《苏州方言志》中只提到:"'今朝'的'朝'[tsæ]在农村常常变读成'交'[tɕiæ]。"但哪些点用"朝"[tsæ],哪些点用"交"[tɕiæ],在方言地图上没有显示(见《苏州方言志》"苏州方言地图第24图"),可能是由于当时混用的状态比较普遍,所以很难区分。根据叶祥苓(1988:41)的调查,当时"今天"还有"m朝"和"n朝"两种说法,我们没有发现"m朝",但东渚和斜塘的农村至今还有"唔交头"[n̩ tɕiæ tei](今天)、"今交头"[tɕin tɕiæ tei](今天)、"明交头"[mən tɕiæ tei](明天)的说法,这是比较"土"的说法,现在只有当地一些老人才说。

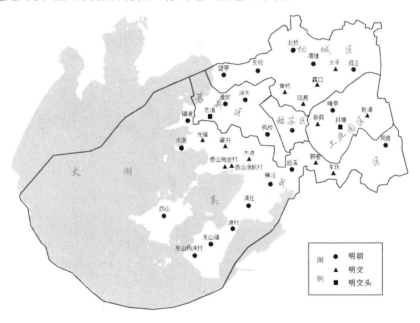

图3-10 苏州郊区的"明天"

(二) 前天、大前天

"前天""大前天"在苏州城区说"前日(子搭)"[zi n̩iəʔ tsɿ taʔ]、"大前日"[dəu zi n̩iəʔ]。而郊区的说法要比城区多得多,而且从苏州及周边地区来看,有些说法比较特别。我们从限定成分、中心语素、词尾①三个方

---

① 拿"前日子搭"来说,"前"是限定成分,"日"是中心语素,"子"是词尾,"搭"是处所后缀,也可用于时间词后面。

面来加以分析。

统观郊区"前天""大前天"的方言形式,我们可以发现中心语素比较稳定,基本都是"日"[ȵiəʔ],而限定成分较之不稳定,形式较多、差别较大。"前天"的限定成分有"滚"[ˬkuən]、"更"[ˬkən]、"过"[ˬkəu]、"归"[ˬkuɛ]、"葛"[kəʔ˳]、"上"[ˬsã],也有与城区一样的"前"[ˬzɿ]。如图3-11所示,"滚-"[ˬkuən]的使用率较高,主要分布于东部和北部;"过-"[ˬkəu]主要分布于西部;"葛"[kəʔ˳]主要分布于南部,与吴江的芦墟、盛泽、震泽、桃源、七都一样;甪直用"更-"[ˬkən],越溪用"归-"[ˬkuɛ]。位于东北郊的太平说"上日头"[ˬsã ȵiəʔ tei]、浒泾说"葛唔搭"[kəʔ˳ n taʔ],在全区比较特别。郊区"前天"义的方言形式基本都带"子"尾或"子搭",只有位于东北郊的太平带"头"尾。其他乡镇的中心语素都是"日"[ȵiəʔ],只有位于东北郊的浒泾的中心语素是[n]。

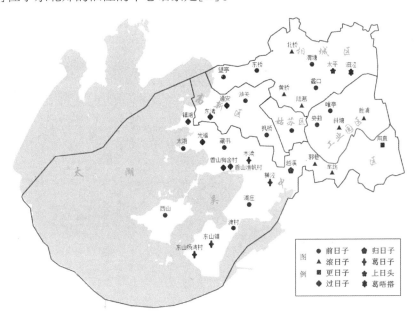

图3-11 苏州郊区的"前天"

"大前天"的限定成分基本就是在"前天"的限定成分[ˬdəu]或"着"[zaʔ˳],城区用"大-",而郊区用"着-"部基本都用"着-"。"着"[zaʔ˳]应该比"大"[ˬdəu]特别的现象,"前天"说"葛日子"[kəʔ˳ ȵiəʔ tsɿ]的几个

东山杨湾村、木渎),按规律,其"大前天"应该说"着葛日子"[zaʔ˯ kəʔ ȵiəʔ tsʅ],吴江的几个镇就是这样,但苏州南郊的这几个乡镇"大前天"却说"着前日",与"前天"的形式不对应。

二、亲属称谓名词

本研究选择了一些郊区称谓形式较多、与城区差异较大的亲属称谓名词作为分析对象。叶祥苓(1988)当时只调查了"舅母"和"丈夫",我们先分析这两个,将之与叶祥苓当年的调查结果进行比较。

(一)舅母

"舅母"在苏州城区说"舅姆"[˪dʑʏøˀ m],在郊区形式较多,有五种说法(图3-12)。最东面的两个点——胜浦和甪直说"娘舅姆"[˪ȵiã ˪dʑʏø m];"忌母"[˪dʑi m]主要分布于南面以及西山和太湖,与吴江的同里和七都一样,应该是比较旧的说法。"舅妈"主要分布于北方方言区各片,南方方言偶有分布(胡士云 2007:173)。但苏州西南角的东山以及东郊的唯亭和北郊的太平都说"舅妈"[˪dʑʏø mɑ],与昆山以及吴江的盛泽、芦墟、桃源一样。"舅吾"与"舅姆",就是后一音节的发音不同,前者是[ŋ],后者是[m]。叶

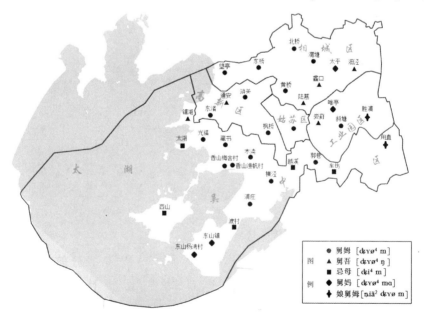

图 3-12 苏州郊区的"舅母"

祥苓(1988:39)记录前者读[n],且两者的分布与我们的调查结果略有不同。《苏州方言志》"苏州方言地图第22图"显示,"舅吾"主要分布于苏州东北郊,其他区域基本没有。但我们调查发现"舅吾"零星分布于东部、西部、北部的几个点,当然,从全区来看,"舅姆"还是占多数。

(二) 丈夫

叶祥苓(1988:40)当时记录只有苏州城区和北郊的陆慕、黄桥,东郊的娄葑说"男人";其余东部、西部、北部都说"男客";南部说"家公";车坊、浦庄、渡村乡政府所在地的市镇说"男人",下属的乡村都说"家公"。由此可见,30年前"丈夫"的称谓形式在苏州地区的分布比较有规律,"男客"占绝对的优势。

这30年来,农村城市化的发展步伐加快,郊区与城区的接触日益增多。由于受城区话的影响,目前郊区"男人"这个称谓形式用得越来越多,已经超过了"男客"和"家公"。但由于"丈夫"的称谓形式在郊区正处于一种动态变化过程中,"男人"与"男客"、"男人"与"家公"并存的情况在很多点都存在,中青年人说"男人"较多,但还能听到当地一些老人说"男客"或"家公"。按照这样的发展趋势,再过几十年,可能在郊区也很难听到"男客"和"家公"了。

另外,我们调查发现太湖这个点的说法比较特别,说"老倌"[lʌ² kø](叶祥苓1988:40)记为"男客",跟全区其他点都不一样,但与吴江的盛泽一样。

(三) 祖父

"祖父"在苏州郊区的称谓形式比较统一,除了东山和西山以外,其他各点都说"阿爹"[aʔ˛ tiɑ],与城区相同。东山说"公公"[˛koŋ koŋ],西山说"爹爹"[tiɑ² tiɑ],比较特别。"公公"一般用来称呼丈夫的父亲,在东山却用来称呼祖父,与宜兴相同。"爹爹"在苏州城区及郊区的一些乡镇都用来称呼父亲,在西山却用来称呼祖父,可能是受吴江的影响。这再一次突显出东山、西山有别于其他各点的独特之处。

(四) 祖母

"祖母"在苏州郊区的称谓形式较多,有四种说法。目前"好婆"的使用范围最广,应该是受城区话的影响所致。东南郊的车坊、郭巷说"娘娘"[˛n̩iā n̩iā],可能是受近邻吴江的影响。西北郊的枫桥、浒关、东桥说"阿婆"[aʔ˛ bu],比较特别,因为"阿婆"在苏州地区一般用来指丈夫的母亲。

通安、望亭说"太太"[ˬtɑ tɑ],也比较特别,因为"太太"一般用来指曾祖母。

(五)母亲(面称)

受城区话影响,郊区目前大部分乡镇称母亲为"姆妈"[ˬm mɑ],但东部的用直、娄葑和西部的枫桥至今还保留比较旧的称呼"姆姆"[ˬm mɛ]。根据钱乃荣(1992:876)20世纪80年代中期的调查,吴语区以"姆妈"为主,苏州称呼母亲有两种形式——"姆妈"[ˬm mɑ]和"姆姆"[ˬm mɛ]。但现在苏州城区已经没有"姆姆"的说法,郊区也只有3个点还有所保留,可见"姆姆"[ˬm mɛ]应该就是在这30年中逐渐消失的。

据石汝杰(2013:86)的调查,昆山西南部与苏州接壤的乡镇"南港"也称母亲为"姆姆"[ˬm mɛ],应该是受苏州东郊的影响。另外,西山称母亲为"吾娘"[ˬŋ niã],在苏州全区是比较特别的,但宜兴也有"吾娘"[ˬŋ niã]的说法,由此我们推断,西山说"吾娘"[ˬŋ niã]应该是受宜兴的影响。

(六)父亲的姐妹(背称)

在苏州城区,父亲的姐妹是分开称呼的,父之姐被称为"嬷嬷"[ˬmo mo],父之妹为"嬢嬢"[ȵiã ȵiã]。在苏州郊区,绝大部分乡镇也都是分开称呼,但东山和西山是不分的,父亲的姐姐、妹妹用同一种称谓形式,只在称谓前加"大""小"来区分长幼。东山老派说"亲妈"[ˬtsʰin mɑ],新派说"嬢嬢"[ȵiã ȵiã];西山说"姆嬷"[ˬm mo],与其他各点都不同。

其他乡镇父之姐与妹都是分开称呼的,父之姐有两种称谓形式——"嬷嬷"[ˬmo mo]和"姆姆"[ˬmɛ mɛ],父之妹也有两种称谓形式——"嬢嬢"[ȵiã ȵiã]和"吾嬢"[ˬŋ ȵiã]。"姆姆"[ˬmɛ mɛ]与"吾嬢"[ˬŋ ȵiã]是比较老的说法,吴江一些乡镇也用此形式。

我们推测苏州郊区早期可能大范围说"姆姆"[ˬmɛ mɛ]、"吾嬢"[ˬŋ ȵiã],后来受城区话的影响,逐渐变为"嬷嬷"[ˬmo mo]、"嬢嬢"[ȵiã ȵiã]。目前北部和东部基本都说"嬷嬷"[ˬmo mo]和"嬢嬢"[ȵiã ȵiã],"姆姆"[ˬmɛ mɛ]保留于南部和西部的一些乡镇;"吾嬢"[ˬŋ ȵiã]的分布范围要比"姆姆"[ˬmɛ mɛ]广一些,东部、南部、西部都有,主要分布于西部(图3-13、图3-14)。

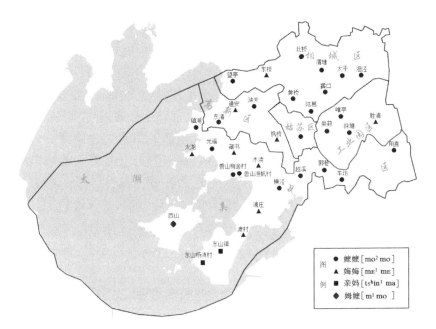

图3-13　苏州郊区"父之姐"的称谓形式

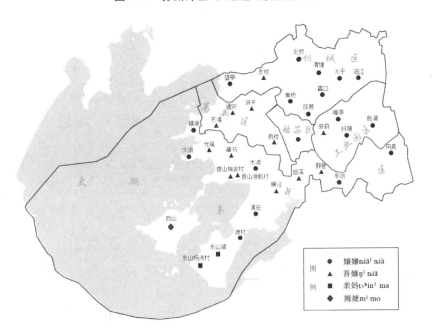

图3-14　苏州郊区"父之妹"的称谓形式

（七）母亲的姐妹

老派苏州城区话称呼母亲的姐妹形式不同，母之姐为"娘姨姆姆"[ₒȵiã i mᴇ mᴇ]，母之妹为"啊姨"①[ₒɑ i]；但新派城区话已不说"娘姨姆姆"[ₒȵiã i mᴇ mᴇ]，故母亲的姐与妹都用同一称谓形式——"啊姨"[ₒɑ i]，前加"大""小"来区分长幼。现在普通话十分通用的"阿姨"大概就来自吴语，因为北京人只说一个字"姨"，北京话是没有字头"阿"的。

"娘姨姆姆"[ₒȵiã i mᴇ mᴇ]在城区已逐渐消失，但在郊区还有所保留，可能是由于四个字有点长，说起来不方便，故一些乡镇将其分成两块，母之姐为"姆姆"[ₒmᴇ mᴇ]，与父之姐相同，母之妹为"娘姨"[ₒȵiã i]。"姆姆"[ₒmᴇ mᴇ]比较陈旧，随着时代的发展逐渐消失；这样一来，母之姐与妹只能用同一形式"娘姨"[ₒȵiã i]来称呼；后来又由于受城区话的影响，"娘姨"[ₒȵiã i]逐渐变为"啊姨"[ₒɑ i]。

我们是根据郊区目前的共时地理分布来推测"母之姐妹"称谓形式的历时演变过程的。目前，东部基本都说"娘姨"[ₒȵiã i]，北部及西北部基本都说"啊姨"[ₒɑ i]，"姆姆"[ₒmᴇ mᴇ]保留于南部和西部的几个点（见图3-15

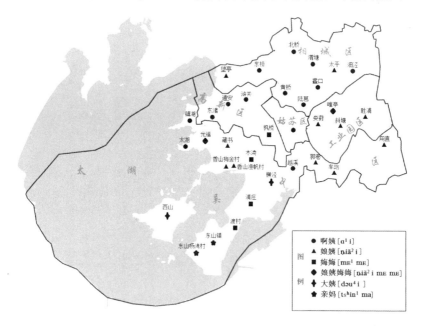

图3-15 苏州郊区"母之姐"的称谓形式

---

① 为了与"阿"[aʔ]加以区别，因此我们将[ɑ]用汉字"啊"表示。

和图3-16）。但由于这个动态的演变过程还在进行中,因此有些点(如香山、望亭等)存在"娘姨"与"啊姨"并存的现象,年纪大的人说"娘姨",年纪轻的人说"啊姨"。

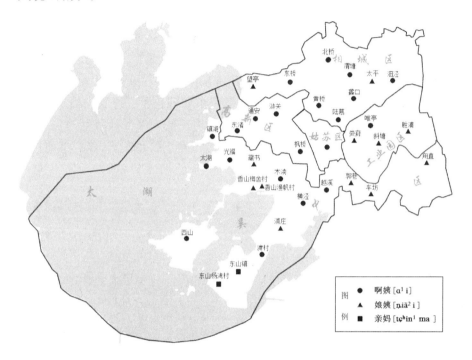

图3-16　苏州郊区"母之妹"的称谓形式

另外,横泾和西山母之姐称"大姨"[ˢdəu i],母之妹称"啊姨"[ˬɑ i],与吴江的芦墟、盛泽等地相同。东山母之姐妹用同一形式,老派说"亲妈"[ˬtsʰin ma],与父之姐妹相同,新派说"啊姨"[ˬɑ i]。

第三节　其他词汇

词汇本来也是有一定系统性的,如可按意义分类,或按词性分类。但是,我们根据调查①发现,哪些词在苏州郊区各处有区别却不太有系统性,不是某类词都有区别、某类词都相同。叶祥苓先生(1988)当年挑选出来用作调查比较的词,确实都是有显著差别的词,用于比较郊区各处方言特点比

---

①　调查的所有词汇详见附录"词汇调查表"。

较有效。所以,我们也沿用了这些词条。但这样的一组词,按传统的分类法,就显得有点杂乱。如何解释这些词的内在联系,也许是一个新课题。我们将这些词与叶祥苓(1988)30年前的调查结果进行新旧历时对比。叶祥苓(1988)当年一共作了50张方言地图,除了6张纯语音的,其余44张作的都是词汇,其中6个人称代词(我、你、他、我们、你们、他们)、2个亲属称谓名词(舅母、丈夫)、1个时间名词(今天),我们都调查了。其余35个词语中有5个词,即"疟疾""赎药"(指到中药铺按中医处方买药)、"短裤"(指农民耘稻时穿的那种大短裤)、"棉袄"(指用布和棉花手工缝制的棉袄)、"河胶"(指河面冰封、舟船断行),已经过时,对现在的人来说很陌生,很多发音人都不知道怎么说。另外还有一张图是关于"伞、蛋"的韵母,我们将把它放在第四章第二节中进行讨论。因此除去这几个词,本节我们一共讨论分析29个词。

(一) 月亮

苏州城区及郊区东部、南部都说"月亮",北部说"亮月"(图3-17),这与叶祥苓(1988)当年的调查结果相同。不同之处在西部,30年前西部也基本说"亮月",但30年后的今天西部说"亮月"的点已减少了很多,可能当地上了一定年纪的人还说"亮月",但总的来看这30年来西部"月亮"的使用率逐渐超过"亮月"。

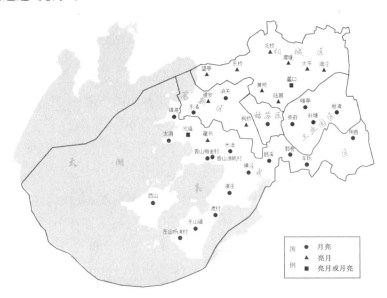

图3-17 苏州郊区的"月亮"

"月亮"一词出现得较早,在唐代的文献中就已能看到(潘允中 1989:145)。从全国范围看,表示"月亮"义的词形中,出现频率最高且分布范围最广的就是"月亮",而"亮月"主要分布在江苏省,其分布区域被"月亮"所包围,且和"月亮"并用的地点较多(岩田礼 2009:66)。由此,我们可以推断"亮月"是由于某种原因通过"月亮"这一词形发生语素倒置而成的。

根据钱乃荣的研究(1992:727),就整个北部吴语来看,苏州以东、以南都说"月亮",以西、以北都是"月亮"和"亮月"并用。因此,苏州郊区东部、南部说"月亮",北部和西部说"亮月",应该都是受周边城市的影响,西部近年来由于受苏州城区话的影响而逐渐回归到"月亮"。

"月亮""亮月"的"月"一般都读[ŋəʔ˨],东部和北部少数几个点(如斜塘、娄葑、车坊、北桥、太平)读[ŋoʔ˨],西山读[n̠yəʔ˨],叶祥苓记为[n̠io?]。①

(二) 晒太阳

如图 3-18 所示,东部说"孵日旺"[ˌbu n̠iəʔ uɑ̃],或者"孵日头旺"[ˌbu n̠iəʔ dei uɑ̃]。西部东山、西山、太湖、镇湖、东渚说"晒太阳",但东山的发音与其他各点都不同,与宜兴相同,读[ˌsa tʰa iɑ̃],而其他 4 个点都说[ˌso tʰa iɑ̃]。"晒"在苏州话里应该读[soˀ],东山读[saˀ]是比较特别的,应该是受无锡、宜兴的影响。

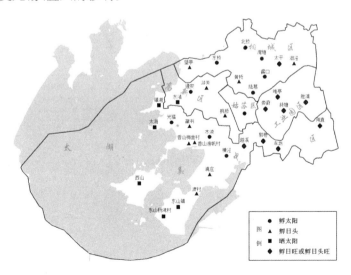

图 3-18 苏州郊区的"晒太阳"

---

① 叶祥苓(1988)记录东山也读[n̠ioʔ],但我们调查发现东山读[ŋəʔ˨]。

叶祥苓(1988:47)记录苏州城区及北部、南部说"孵太阳"。根据我们的调查,北部、南部以及西部(东山、西山、太湖、镇湖、东渚除外)有些点说"孵太阳",有些点说"孵日头",有些点两个都说,一般老派说"孵日头",新派说"孵太阳"。这是因为表示"太阳"的词形——"日头"和"太阳"在全国的分布范围都很广,尤其在江苏省及其周边地区形成集中性的分布,而且在多数地点形成了同时使用的情况(岩田礼 2009:60)。

(三) 乘凉

如图 3-19 所示,北部及最东面的三个点说"吹风凉",南部、西部说"乘风凉"。娄葑、斜塘与城区一样,两个都说。这样的分布与 30 年前基本相同(见《苏州方言志》"苏州方言地图第 31 图")。

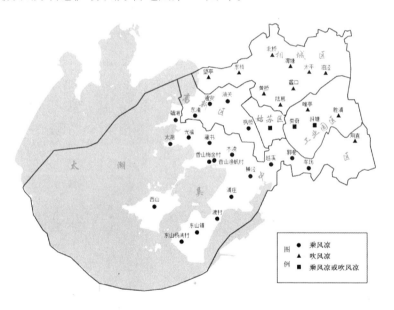

图 3-19 苏州郊区的"乘凉"

"吹"读[tsʰʮ],但保留[tʂ]组声母的地区读[tʂʰʮ];"风"读[foŋ],但"东"韵读如"登"韵的地区读[fən]。

(四) 雾

叶祥苓(1988:46)记录东部、西部和北部都说"迷露"[mi ləu],南部说"雾露"[vu ləu]、"糊露"[ɦu ləu]。但 30 年后的今天,郊区已基本都说"迷露"[mi ləu],只有东山、西山和越溪还保留"雾露"[vu ləu],应该是受邻近城市的影响。据钱乃荣研究(1992:728),苏州以南地区(包括吴江、嘉兴、杭州、绍兴等)都有"雾露"的说法。

(五)彩虹

"彩虹"在城区说"鲎"[høɤ²](叶祥苓记作[hɤ])。"鲎"字在《集韵》为"许侯切"。由于侯韵字在郊区各点的韵母差异较大(详见第一章第二节),故表示"彩虹"义的"鲎"在郊区的发音就比较多样,大部分地区读[hei²](叶祥苓记作[həi]),浒关、东桥说[hø²],横泾、杨湾说[hə²](叶记横泾为[hø],杨湾为[həi]),望亭说[høɤ²](叶记为[hø]),镇湖说[hʌɪ²](叶记为[həi])。见图3-20。

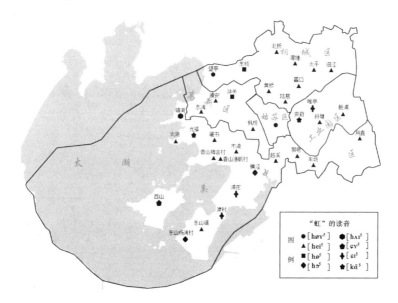

图3-20 苏州郊区的"彩虹"

这些点虽韵母不同,但声母都是[h]。还有几个点声母由喉音变为舌面音[ɕ],西山说[ɕɤ²](叶记作[ɕy]),唯亭、浦庄、渡村说[˚ɕɪ](叶祥苓没有记录此音),应该也是同一个字"鲎",因为"鲎"属许母,今逢洪音读[h],逢细音读[ɕ],完全符合古今演变规律。苏州话里[høɤ]与[ɕɤ]本身就有不分的现象,如表示"气喘"义的"吼"就可以[høɤ]、[ɕɤ]两读。

另外,据娄葑、光福的发音人说,当地有些老人说[kã²]。叶祥苓(1988:9)也曾提到"北桥有少数老人读[kã]"。由此推断,郊区早期可能说这个音,[kã]的本字就是"虹",《广韵》去声绛韵古巷切。

由于空气、环境等各方面的原因,现在我们很少能见到彩虹,因此年轻一辈几乎没有机会听到老一辈的人提起这个词,现在不管在郊区还是城区,很多年轻人已不知道这个词原来的说法,而是受普通话的影响说成"彩虹"[ᶜtsʰE oŋ]。估计再过50年,我们在郊区也很难听到"鲎"这种说法了。

(六) 荠菜

如图3-21所示,东部说"野菜"[ᶜia tsʰE],与近邻吴江相同。北部说"谢菜"[ᶜziɑ tsʰE],与苏州城区相同,[ᶜziɑ]的本字应该就是"荠","荠"是四等字,韵母可以是开口度最大的。南部大多说"荠菜"[ᶜzi tsʰE]。

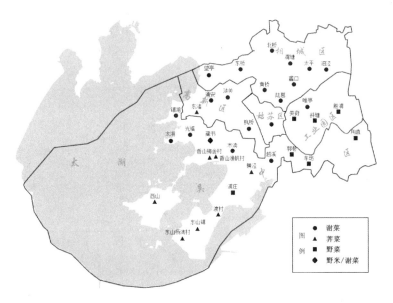

图3-21 苏州郊区的"荠菜"

以上的分布与叶祥苓(1988:50)当年的调查结果基本相同。不同之处在西部,30年前西部也基本说"荠菜"[ᶜzi tsʰE],30年来,由于受城区话的影响,现在西部也基本都说"谢菜"[ᶜziɑ tsʰE]了。

另外,据藏书的发音人说,当地有些老人说"野米"[ᶜia mi]。叶祥苓(1988:50)也记录胜浦最东面的一个村说"野米脚"。这应该是郊区比较旧的说法,早期可能分布于一定范围。

(七) 辣椒

如图3-22所示,东部、北部大都说"辣茄"[laʔ₅gɑ];南部、西部大都说"辣火"[laʔ₅həu](香山、娄葑"火"读[hu]),与城区相同。东山、西山与其他各点都不同,说"辣椒"[laʔ₅tsi],跟上海一样。

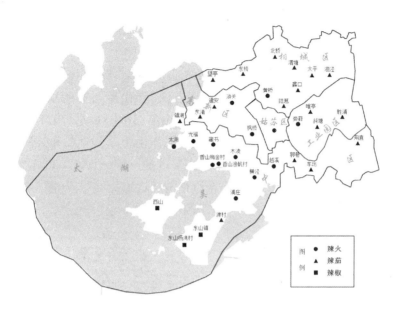

图 3-22　苏州郊区的"辣椒"

这样的分布与叶祥苓(1988:51)当年的调查结果基本相同(见《苏州方言志》"苏州方言地图第 34 图"),30 年来几乎没有什么变化。根据我们的调查,一般北部发音与苏州城区最为接近,南部与城区差别最大,但"辣椒"一词的分布却正好相反。

(八) 玉米

郊区大部分地区都说"御麦"[$_c$y maʔ],与城区相同。北部及东、西部的几个点"御"读不圆唇的[i]。东山、西山和渡村说"御米"[$_c$y mi]。叶祥苓(1988:52)记录渡村说"御蜜"[y miəʔ],胜浦说"番麦"[fɛ maʔ],与我们的调查结果不同。

另外,车坊说"御麦须"[$_c$y maʔ səu],应该是受近邻吴江的影响。

(九) 南瓜

郊区大部分都说"南瓜"[$_c$nø ko],与城区相同。东、西、北部各有几个点"南瓜"读[$_c$no ko],这些点单念"南"都读[$_c$nø],在"南瓜"一词中却读[$_c$no],比较特别,可能是逆同化。

东山、西山与其他各点都不同,西山说"饭瓜"[^{c}vɛ ko],东山镇说"北瓜"[poʔ$_c$ ko],东山的杨湾村却说"南瓜"[$_c$nø ko]。

叶祥苓(1988:53)记录油泾说"番瓜"[fɛ ko],与我们的调查结果不同。

(十) 马铃薯

马铃薯因其是外来的植物,因此在构词法上以"洋"作为修饰成分,且样子像山芋_{白薯},又像芋艿_{芋头},因此有的地方说"洋山芋",有的地方说"洋芋艿",有的地方两个都说。苏州城区说"洋山芋"[iã sE y],30年前城区周围的乡村都说"洋芋艿",最外面一圈又说"洋山芋"(见《苏州方言志》"苏州方言地图第37图"),两者的分布范围基本是一半一半。这30年来,由于受城区话的影响,"洋山芋"的分布范围逐渐超过了"洋芋艿"(图3-23)。按照这样的发展趋势,估计再过几十年,郊区也会统一说"洋山芋"。

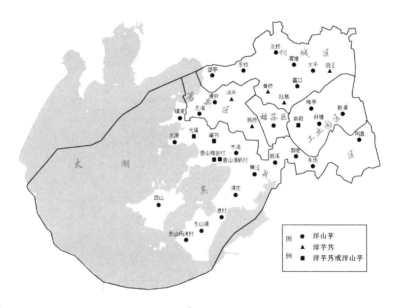

图3-23 苏州郊区的"马铃薯"

至于"芋"的发音,郊区却没有那么统一,有两种,一种是圆唇的[y],一种是不圆唇的[i]。这是因为古遇摄鱼、虞韵的一些字在城区读[y]韵,而在郊区有些地方读[i]韵,就如"御麦"的"御"一样。

(十一) 镰刀

如图3-24所示,东部说"镲子"[tɕiəʔ zɿ];西部大部分点说"大镲"[dəu² tɕiəʔ];北部和南部基本说"镲"[tɕiəʔ]。城区与东郊相同,说"镲子",但因城区不种地,用不到这种工具,因此年轻一代都几乎不知"镲子"为何物。

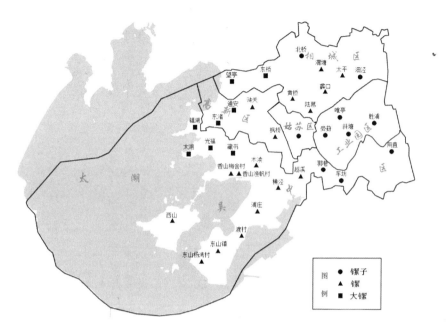

图 3-24　苏州郊区的"镰刀"

"镰刀"义的词在苏州郊区现在的分布与 30 年前的分布(见《苏州方言志》"苏州方言地图第 39 图")几乎完全相同,这可能是由于随着农村城市化的发展,这种工具在郊区的使用率越来越低,城区几乎不用,因此对这个词而言,语言接触的机会很少,其固有的说法就被保存了下来,不容易发生变化。

(十二) 栽秧

"栽秧"义的词在苏州郊区的分布很有规律,若将郊区分为南北两片的话,南片说"种秧"[tsoŋ˚ iã/tsən˚ iã]①,北片说"莳秧"[₋zʅ iã],唯独东山比较特别,说"种田"[tsoŋ˚ dɪ](图 3-25)。

这一分布与 30 年前的分布(见《苏州方言志》"苏州方言地图第 40 图")也几乎完全相同。如同"镰刀"一样,"栽秧"一词的使用率也越来越低,这也许就是这个词的分布不容易发生变化的原因所在。

---

① 郭巷、越溪、横泾、浦庄、渡村因"东"韵[oŋ]读如"登"韵[ne],因此"种秧"读作[˚tsən iã]。

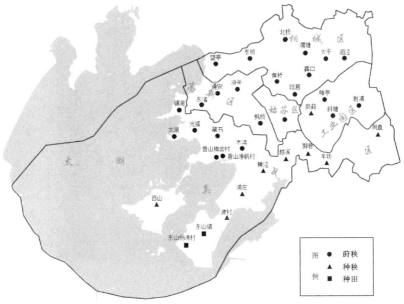

图 3-25　苏州郊区的"栽秧"

（十三）种豆

大部分地区说"种豆"，但因郊区各点"种"和"豆"各有不同的发音，因此郊区"种豆"的发音有 8 种：[tsoŋ˨ dei/ tsoŋ˨ dʌi/ tsoŋ˨ də/ tsoŋ˨ dø/ tsən˨ dei/ tsən˨ də/ tsən˨ dø/ tsən˨ døy]。

只有东部几个点说"陈豆"[˨zən dei]。另外，斜塘说[iã dei]，浒关说[əu dø]，是比较特别的，叶祥苓在《苏州方言志》中也未提及，他记录斜塘说"陈豆"、浒关说"种豆"。叶先生还记录几个点说"插豆"，但我们在调查中并没发现。

（十四）螺蛳

大部分地区说"螺蛳"[˨ləu sɿ]，只有西部 8 个点说"蛳螺"[˨sɿ ləu]，应该是受近邻无锡、宜兴的影响。这与叶祥苓当年的调查结果几乎完全相同（见《苏州方言志》"苏州方言地图第 42 图"）。

（十五）麻雀

如图 3-26 所示，"麻雀"一词在苏州郊区有三种说法——麻雀、麻将、麻鸟。大部分点说"麻雀"，"雀"字大部分读送气音[tsʰiaʔ]，与城区相同，也有几个点读不送气音且入声脱落为[tsiɑ]。① "麻将"[˗mo tsiã]主要分布于最东面和西北面的几个点。说"麻鸟"的点最少,只有西山和郭巷。这与叶祥苓当年的调查结果基本相同(见《苏州方言志》"苏州方言地图第43图")。据钱乃荣(1992:777),就整个北部吴语来说,苏州以东大部分地区说"麻将",以南大部分地区说"麻鸟",以西、以北大部分地区说"麻雀"。由此我们可以看出,苏州郊区"麻雀"义词形的分布一定程度上受到周边城市的影响。

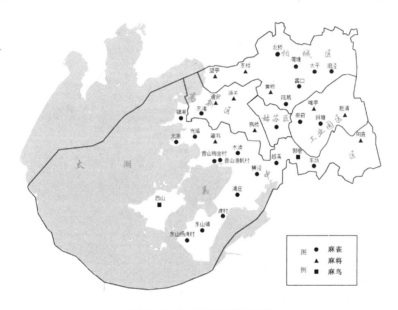

图 3-26　苏州郊区的"麻雀"

"鸟"的声母不是[ɲ],在苏州全区一律是[t],与《广韵》都了切端母一致。其韵母因效摄字的今读音不同而分三种,郭巷、车坊说[tiʌ],西山说[ciɔ],郊区大部分点"鸟"说[tiæ],与城区相同。

(十六) 老鼠

如图 3-27 所示,"老鼠"一词在苏州郊区有三种说法——老虫、老鼠、老丝。西部和北部基本都说"老虫",但因郊区各点"老"和"虫"各有不同的发音,因此郊区"老虫"的发音有四种:[˗læ zoŋ/˗lʌ zoŋ/˗læ zən/˗lʌ zən]。

南部大部分地区说"老鼠",只有越溪和横泾两地说"老虫",可能是受

---

① 叶祥苓记录为[tsiaʔ],但根据我们的调查,当读不送气音时促声也脱落。

近邻吴江的影响。"鼠"字按古音演变规律应该读圆唇的[tsʰʮ],唯独东山比较特别,读不圆唇的[tsʰɿ],"老"的发音也因古效摄字的今读音不同而分三种:[læ/lʌ/lɔ]。东部说"老丝"[ˬlæ sɿ],与"老师"的声韵母都相同,唯一的区别在于"老丝"的"老"读阳上,"老师"的"老"读阴平,当地人用变读声调来区别意义。据钱乃荣(1992:775),上海以东的南汇周浦也有"老丝"的说法。

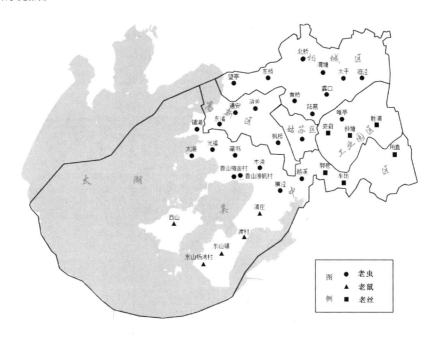

图 3-27　苏州郊区的"老鼠"

"老鼠"一词在苏州郊区的分布与 30 年前基本相同(见《苏州方言志》"苏州方言地图第 44 图"),除了黄桥,叶祥苓记录读"老鼠",我们调查发现读"老虫",可能是这 30 年来受周边地区和苏州城区的影响而致。

(十七) 蚯蚓

如图 3-28 所示,西部及东面的唯亭、胜浦和东北面的甪直说"曲蟮"[tɕʰioʔ ˬzø],与城区相同。南部基本都说"曲泥"[tɕʰioʔ ˬɲi],与近邻吴江松陵相同。北部有"曲泥"[tɕʰioʔ ˬɲi]和"曲泥蚯"[tɕʰioʔ ˬɲi kəu]两种说法,最北和西北面的几个点说"曲泥",中间地区说"曲泥蚯"。这与叶祥苓当年的调查结果几乎完全相同(见《苏州方言志》"苏州方言地图第 38 图")。

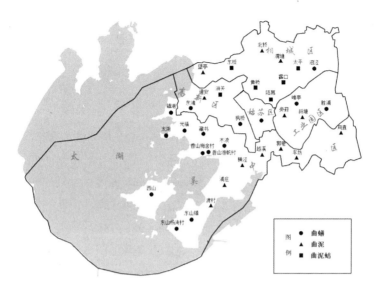

图 3-28 苏州郊区的"蚯蚓"

(十八) 筷子

如图 3-29 所示,苏州城区和靠近城区的十来个点说"筷儿"[ₑkʰuɛ ŋ],其他地区大都说"筷"[ₑkʰuɛ]。但有两个点比较特别:西山说"筷子"[ₑkʰuɑ tsʅ],跟无锡相同;太湖说"筷棒"[ₑkʰuɑ bã],据钱乃荣(1992:823),整个吴语区没有这样的说法。

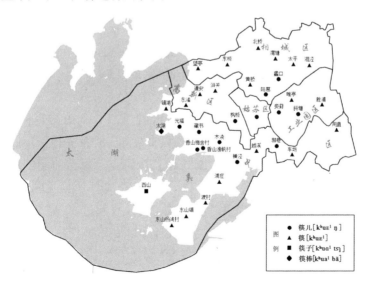

图 3-29 苏州郊区的"筷子"

"筷子"一词的整体分布与 30 年前基本相同(见《苏州方言志》"苏州方言地图第 19 图"),但有几个点与叶祥苓的调查结果不同:越溪叶祥苓记录为"筷儿",我们记录为"筷";横泾、蠡口叶祥苓记录为"筷",而我们记录为"筷儿"。

(十九) 冻疮

苏州全区大部分地区说"冻瘃",因郊区部分点东韵读如登韵,因此郊区"冻瘃"有两种发音:[˳toŋ tsoʔ/˳tən tsoʔ]。东面的用直和北面的油泾仍然保留比较旧的说法——"死血"[siˀ çyəʔ]。据我们的了解,苏州周边"死血"的分布范围还是比较广的,东面的昆山、北面的常熟、西面的宜兴、西北面的无锡和常州都有此说法。根据叶祥苓(1988:38)的调查,30 年前东部和北部说"死血"的点比现在要多一些,这 30 年来由于受城区话的影响,原本说"死血"或"死血"和"冻瘃"都说的几个点现今只说"冻瘃"。西山说"冻疮"[˳toŋ tsʰɑ̃],在全区比较特别,跟上海话相同。

(二十) 鱼

苏州全区绝大部分地区"鱼"都说[˳ŋ],唯独东山、西山比较特别,东山说[˳ŋei],西山说[˳ɲi]。

东山"鱼"与"藕"声韵母相同,但声调不同,"鱼"读阳平,"藕"读阳上,因此当地人是分得很清楚的。西山"鱼"与"泥"是同音的,都读阳平。

(二十一) 杀鱼

如今除了太湖和油泾说"治鱼"(太湖读[zʅˀ ŋ],油泾读[zɥ ŋ]),其他地区都说"杀鱼"。根据叶祥苓的调查,30 年前北部的北桥、渭塘、太平以及西部的太湖都说"治鱼",东北端的油泾说"锯鱼"[kɛ ŋ]。

(二十二) 起床

根据叶祥苓的调查,30 年前东部说[huaʔ ˳tɕʰi lɛ],北部说[loʔ ˳tɕʰi lɛ],西部和南部说[˳bɛ tɕʰi lɛ]。而如今只有东部比较整齐地保留以前的说法,其他地区基本都只说"起来"[˳tɕʰi lɛ],个别点还保留前面的动词,如:南部的渡村说[˳bɛ tɕʰi lɛ],最北端 4 个点说[loʔ ˳tɕʰi lɛ](见图 3-30)。

[˳bɛ]后面必须跟趋向补语"起来"才能表达"起床"的意思,其本字可能就是"爬"。[huaʔ]和[loʔ]本字不详,都可以单独使用,如"辰光勿早哉,好□[huaʔ]哉"。

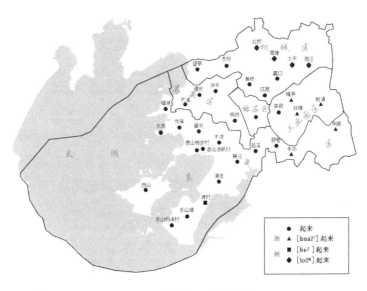

图 3-30　苏州郊区的"起床"

（二十三）洗脸

如图 3-31 所示,"洗脸"有"揩面"[ˌkʰɑ mɪ/ˌkʰa mɪ]和"抚面"[ˌbu mɪ]（叶祥苓写成"婆面"）两种说法。有一半的调查点"揩面""抚面"都说,一般老派说"抚面",新派说"揩面"。南部大都说"揩面",可能是受近邻吴江的影响。

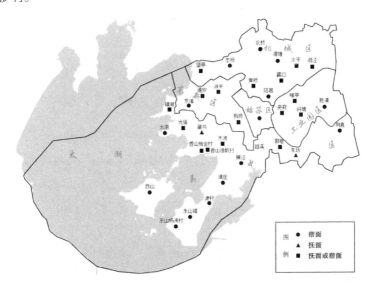

图 3-31　苏州郊区的"洗脸"

与叶祥苓(1988:43)30 年前的调查结果相比,现在只说"抚面"的点减少了,大多处于"抚面""揩面"共存的状态,正在向"揩面"过渡。

(二十四)洗脚

根据叶祥苓(1988:44)的调查,30 年前东部、南部大多说"念脚","念"[ˌnɪ]是同音字,我们认为用"捻"从读音和词义上来说可能更合适,西部、北部说"汏脚",西南部有几个点"念脚""汏脚"都说。而如今"捻脚"[ˌnɪ tɕiaʔ]这一比较古老的说法正在逐渐消失,全区大部分点都说"汏脚"[ˌtɑ tɕiaʔ],东部和南部少数几个点的老派还保留"捻脚"这一说法,但当地年轻人已基本都说"汏脚"(见图 3-32)。

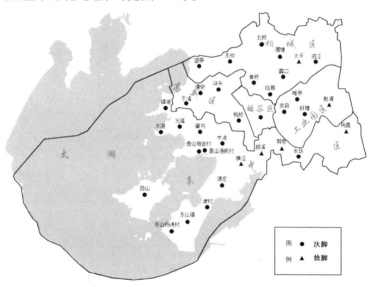

图 3-32　苏州郊区的"洗脚"

(二十五)奔跑

如图 3-33 所示,全区约有一半的地区说"奔"[ˌpən]。西部大部分点说"跑","跑"的发音因古效摄字的今读音不同而分三种:[ˌbæ/ˌbʌ/ˌbɔ]。根据叶祥苓(1988:65)的调查,30 年前北部基本都说"斜"[ˌziɑ],应该是受近邻常熟的影响。而如今北部只有离城区较远的几个点还保留这一古老的说法,其他点都由于受城区的影响而改说"奔"。另外,通安和望亭说"出拔头"[tsʰəʔˌpʰi tei/tsʰəʔˌpʰi tøy],用法跟"奔"略有不同,带有强调突然加速的意味,叶先生在《苏州方言志》中也未提及。

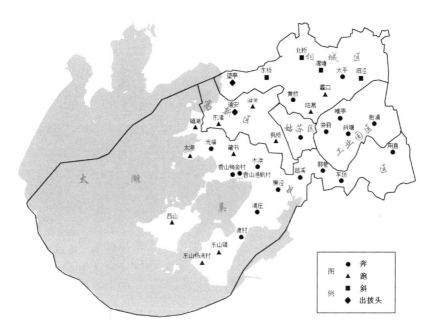

图 3-33 苏州郊区的"奔跑"

(二十六) 放

全区基本都是"放"[₌fã]和"摆"[₌pɑ]都说,30 年前以"摆"为主,现在一般老派说"摆",新派说"放"。东南部有几个点说"搞"[₌gæ/ ₌gʌ],应该是受近邻吴江的影响。斜塘南面说"搞"[₌gæ],北面说"掉"[₌diæ]。根据叶祥苓(1988:66)的调查,30 年前陆慕和斜塘都有"掉"的说法,而现在陆慕这一说法已经消失。

(二十七) 能干

根据叶祥苓(1988:64)的调查,30 年前东部、南部说[₌ɕiɑ ₌tsɑ],本字应为"奢遮",西部、北部说[₌dʑiɑ]。而如今苏州全区都说[₌dʑiɑ],"奢遮"[₌ɕiɑ ₌tsɑ]的说法已经消失。

(二十八) 乡邻

根据叶祥苓(1988:25)的调查,30 年前除西部说[₌ɕiã lin],其他地区都说[₌ɕiã lən]。这 30 年来由于受城区话的影响,原本说[₌ɕiã lən]的地区约有一半改说[₌ɕiã lin]。这种变化主要集中于北部,目前北部只有太平和沺泾两个点还保留原来的说法,东部和南部保留相对较多(见图 3-34)。

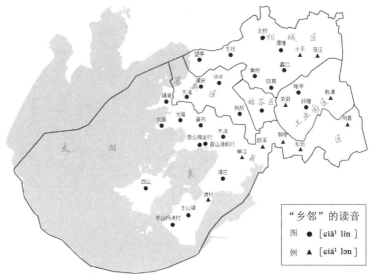

图 3-34 苏州郊区的"乡邻"

我们推测城区早期可能也说[ɕiā lən],后来由于受普通话的影响而改说[ɕiā lin]。其实,在苏州话里[lin]读[lən]的不只这一个。比如苏州有一条路叫"临顿路",苏州话说[lən tən ləu],"临"本应读[lin],但在这里却读[lən];又如"鱼鳞片"在苏州话里说"鱼鳞片"[ŋ lən bE],"鳞"也读[lən]。这些应该都不是偶然的。

(二十九) 撑绷

叶祥苓当年调查到一个新词"撑绷"[tsʰā pā],这是一个形容词,有"帅""顶级"的意思,使用范围很广,穿件新式服装、考试得满分,都可以说"撑绷"(叶祥苓1988:17)。当年这是个新词,在城区非常流行,在郊区只流行于一些乡政府所在地的时髦青年中(见《苏州方言志》"苏州方言地图第50图"),不过"正以很快的速度向四周扩散"(叶祥苓1988:17)。

时隔30年之后,原本尚未流行的一些地区,如东山、镇湖、通安、渭塘、北桥、浒泾,现在也流行了(见图3-35)。不过总的来说,这个词的扩散速度并没有叶祥苓想象的那么快,经过30年的传播,也只扩散了6个乡,仍未达到家喻户晓的地步,而且多流行于乡政府所在地的年轻人中,很多村里的老人都未听说过。叶祥苓记录当年城区非常流行这个词,但是现在城区没有了,我们问了一些老人和青年人,他们都未听说过这个词。可见,一个新的词语产生后,能否流行开来,是不一定的。要查原因又很复杂,可能有确实的、必然的原因,也可能纯属偶然,本来就说不上规律,这就是语言演变的真实现象!

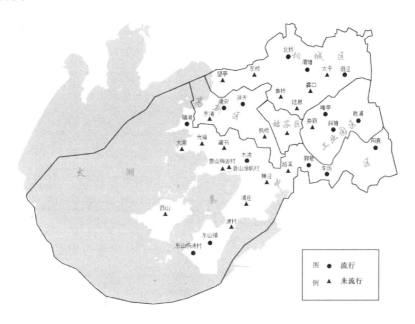

图 3-35　苏州郊区"撑绷"一词的分布范围

以上 29 个词中,与 30 年前的分布基本相同的有 10 个,分别是:"乘凉、辣椒、镰刀、栽秧、螺蛳、麻雀、老鼠、蚯蚓、筷子、鱼",这部分的事实应该是最可靠的。其余 19 个词与 30 年前叶祥苓的记录有差异,其中"月亮、雾、荠菜、马铃薯、冻疮、杀鱼、起床、洗脸、洗脚、奔、放、能干、乡邻"这 13 个词有差异,主要是由于这 30 年来郊区与城区的语言接触增多,受强势的城区话的影响而导致郊区原本较旧的一些说法逐渐减少或消失,这种变化大多出现在西部、北部或东部,相对而言,南部保留原来的说法较多。这部分的事实应该也比较可靠。剩余几个词如"玉米、南瓜、种豆、彩虹、晒太阳",有个别几个点的记录与叶祥苓不同,这有可能是由于这 30 年来发生了变化,也有可能是发音人自身习惯的说法不同,但也不排除记录有误的可能。最后一个词"撑绷"与其他词不同,它是一个正在逐渐流行的词,30 年来其分布范围逐步扩大,但至今仍多流行于乡政府所在地的年轻人中,其受众面还不是很广。

第四章 讨论

第一节 苏州郊区方言特点概述

从社会语言学的角度来看,由于经济、交通、与外界接触、普通话的推广等多种社会因素,城区的方言比农村的方言变化速度相对快一些。根据我们的调查,跟城区方言比,苏州郊区方言确实保留更多古音特点和较旧的词语(不是所有的特点都与古音有关),这就印证了社会语言学的这一理论。本书第二章和第三章中已描写了这些特点,本节再予综合总结,以突出郊区与城区方言的差别。这种差别主要体现在语音和词汇上,语法相对比较稳定、差别小,因此我们没有对郊区的语法进行调查,在与当地发音人的交流过程中,我们感觉郊区的语法体系与城区基本是一致的。

一、语音

(1) 城区古知系声母已与精组合流,即不分[tʂ tʂʰ ʂ ʐ]和[ts tsʰ s z];而郊区有11个乡镇仍保留[tʂ tʂ]两组声母,知系声母舌位靠后,并圆唇,与精组有别。

(2) 城区没有浊塞擦音声母[dz],[dz]与浊擦音[z]合流;而郊区有3个乡镇仍保留[dz z]两个声母。

(3) 城区效摄字(如:包刀高)读[æ]韵,郊区有8个乡镇读[ʌ]韵,还有2个乡镇——东山、西山读[ɔ]韵。综观周边吴语各地,[ɔ]和[ʌ]比较常见,苏州城区的[æ]反而比较特别。

(4) 城区没有后响复合元音韵母[ei],而郊区大部分地区都有[ei]韵。

(5) 城区"雷、来、篮"三个字同音,都读[˳lɛ],但郊区没有如此一致,有13个乡镇"雷"[˳lei]与"来、篮"[˳lɛ]不同音,还有4个乡镇"篮"[˳lɛ]与

"雷、来"[ˌlɛ]不同音。

（6）部分韵摄在城区是不混的，但在郊区一些乡镇是相混、合并的。比如蟹止摄合口与流摄相混（如"雷"与"楼"同音）、流摄与咸摄端系相混（如"偷"与"贪"同音）等。

（7）城区"东"读[ˌtoŋ]，"登"读[ˌtən]，"熊"读[ˌioŋ]，"赢"读[ˌin]。而郊区有6个乡镇古通摄与臻、曾、梗摄的字相混，"东"读"登"[ən]韵，"熊"读"赢"[in]韵，故"东"="登"[ˌtən]，"熊"="赢"[ˌin]。

（8）老派苏州话有前[a]与后[ɑ]的区别，包括鼻化韵[ã][ɑ̃]和入声韵[aʔ][ɑʔ]。但近40年来，城区这种差别已经消失，而郊区绝大部分乡镇仍然保留老派苏州话的特点，鼻化韵和入声韵都区分前[a]与后[ɑ]。

（9）城区7个声调，没有阳上，古浊上归阳去；郊区目前有24个乡镇浊上、浊去不混，浊上单独为阳上。

（10）城区没有次清分调的现象，即古次清字声调跟全清字相同。郊区目前有21个乡镇次清不跟全清声母归阴调，而跟浊声母字归阳调，或单独立调，不过这只限于上、去、入三声，逢古平声，次清声母仍跟全清归阴平，而不是阳平。

二、词汇

（1）郊区的代词系统以及一些名词（如"前天""舅母"等）的说法比城区复杂得多，所谓复杂，一是指形式、范畴比城区多样，二是指郊区内部各点之间的差别也很大。

（2）郊区有些词语与城区不同。比如：将"父之姐、母之姐"称为"姆姆"[ˌmɛ mɛ]，将"父之妹"称为"吾娘"[ˌŋ ȵiã]，将"月亮"说成"亮月"，将"螺蛳"说成"蛳螺"，将"荠菜"说成"野菜"[ˤiɑ tsʰɛ]，将"辣椒"说成"辣茄"[laʔ ɡɑ]，将"蚯蚓"说成"曲泥"[tɕʰioʔ ȵi]和"曲泥蛄"[tɕʰioʔ ȵi kəu]，将"冻疮"说成"死血"[siʔ ɕyəʔ]，将"乡邻"说成[ˌɕiã lən]，将"奔"说成"斜"[ˌziɑ]，将"洗脚"说成"捻脚"[ˌnɪ tɕiɑʔ]，将"晒太阳"说成"孵日旺"[ˌbu ȵiəʔ uã]或者"孵日头旺"[ˌbu ȵiəʔ tei uã]，等等。

第二节　苏州郊区方言的特例——东山、西山

西山是太湖中的小岛，东山是个半岛，原来也是太湖中的一个小岛，明

代冯梦龙短篇小说《醒世恒言》中《钱秀才错占凤凰俦》就很生动地反映了这一情况,可见直到明朝后期东山还在太湖中,清初才靠上陆地。由于地理上位置特殊,再加上当年交通非常不便,与其他乡镇语言接触的机会就很少,因此东山、西山在语言上就形成了不同于其他乡镇的一些独有特色。其中很多特征跟上海话非常接近,首先在语音方面:

(1) 东山、西山效摄字读[ɔ]和[ɔi]韵,"好"读[ˀhɔ],"桥"读[ˬdʑiɔ]。与上海话相同。

(2) 上海话只有前[a],没有后[ɑ]。东山开尾韵中只有前[a],没有后[ɑ],如"奶"读[ˀna],"佳"读[ˀtɕia],"快"读[kʰua];入声韵也只有前[aʔ],没有后[ɑʔ],故"袜""麦"不分,都读[maʔ˛],"甲""脚"不分,都读[tɕiaʔ˛]。

(3) 上海话只有非圆唇舌尖元音[ɿ],没有与之对立的圆唇舌尖元音[ʮ]。东山虽既有[ɿ]也有[ʮ],但[ɿ]韵字远远多于[ʮ]韵字,开口字都读[ɿ]韵,合口字很多也读[ɿ],如"嘴"[ˀtsɿ]、"树"[zɿ˛]等。

(4) 东山杨湾将流摄、咸摄、蟹止摄合流,读[ɐ],如"推"="偷"="贪"[ˀtʰɐ]。这个韵有点接近上海话的"欧"[ɤ]韵,但比[ɤ]靠前,且动程小。有可能这个韵就是从上海话的"欧"[ɤ]韵演变而来,同在苏州南郊的郭巷、浦庄流摄与咸摄都读[ø]韵,而[ɐ]正是介于[ø]、[ɤ]之间的央元音,由此我们推测[ɐ]很可能是从[ɤ]逐渐向[ø]演变的一个过渡阶段。

(5) "追"是止合三脂韵字,在苏州全区大部分地区都读[ɛ]韵,郊区部分乡镇读[ei]韵,东山、西山却读[ø]韵。根据钱乃荣(1992:323)的调查,在整个北部吴语区只有上海地区(包括上海市、松江和南汇周浦)"追"读[ø]韵。

(6) "软"在苏州全区绝大部分地区都读[ˀȵø],唯有东山读[ˀȵʮ],西山读[ˀȵʮø],上海话[ˀȵʮ]和[ˀȵʮø]这两个读音都有(钱乃荣1992:323)。

(7) 东山、西山去声不分阴阳,调值都是34,上海阴去也是34调。

(8) 苏州全区绝大部分地区阴平都是高平调44(或55),唯独东山是高降调51,与上海相同。

词汇方面也能看到上海话的影子,由于我们调查的词语不是很多,目前发现了两个:

(1) "辣椒"一词在苏州全区主要有两种说法:"辣火"[laʔ˛ həu]和"辣茄"[laʔ˛ gɑ],只有东山、西山说"辣椒"[laʔ˛ tsiɔ],与上海话相同。

(2)"冻疮"一词在苏州全区大部分地区都说"冻瘃"[ˌtoŋ tsoʔ/ˌtən tsoʔ],个别几个点说"死血"[siˀ çyəʔ],只有西山说"冻疮"[ˌtoŋ tsʰɑ̄],跟上海相同。

从地理位置上来看,东山、西山在苏州的西南角,上海在苏州东面,两者相距有点远,应该扯不到一起,事实却是东山、西山有很多语言特征跟上海话非常接近,如果只有两三个特征相近,那可能是偶然,但我们目前发现的就已经有将近10个,相信这应该不是一个偶然的问题了,但至于其中的原因,我们目前还没有满意的答案,还需要考证更多的历史资料来寻找答案。我们现在将这个问题提出来,就是为了告诉大家,这个可能不是偶然的问题,以期更多专家学者来关注这个现象,共同寻找答案。

除了与上海话有渊源关系以外,东山、西山话还受到邻近地区方言的影响,如:

(1)"晒"在苏州话里应该读[soˀ],苏州全区唯独东山读[saˀ]。根据钱乃荣(1992:914),就苏州周边城市来看,同在太湖边的无锡和宜兴也读[saˀ],因此东山读[saˀ]应该是受无锡、宜兴话的影响。

(2)"祖父"的称谓形式在苏州全区比较统一,基本都说"阿爹"[aʔ。tia],除了东山和西山。东山说"公公"[ˌkoŋ koŋ],根据钱乃荣(1992:875),在整个北部吴语区只有宜兴说"公公",可见,东山说"公公"应该是受近邻宜兴的影响。西山说"爹爹"[tiɑˀ tiɑ],据钱乃荣(1992:875),吴江盛泽说"爹爹",根据汪平(2010:179-286),吴江西南部盛泽、震泽、桃源、七都"祖父"都说"爹爹",由此可见,西山说"爹爹"应该是受吴江的影响。

(3)"母亲"的称谓形式以"姆妈"[ˌm mɑ]为主,郊区目前有三个乡镇还保留旧称"姆姆"[ˀm mɛ]。只有西山称"吾娘"[ˀŋ niã],在苏州全区是比较特别的。根据钱乃荣(1992:876),在整个吴语区只有宜兴有"吾娘"[ˌŋ niã]的说法。由此可见,西山说"吾娘"应该是受宜兴的影响。

(4)"筷子"一词在苏州全区基本有两种说法:"筷儿"[ˌkʰuɛ ŋ]和"筷"[ˌkʰuɛ]。但西山说"筷子"[ˌkʰuɑ tsʅ],跟无锡话完全相同。

(5)"鱼"的发音,苏州各地多说[ˌŋ],唯有东山说[ˌŋei],西山说[ˌȵi],据钱乃荣(1992:781),北部吴语的大部分地区都说[ŋ],不过常熟说[ŋæ],宜兴说[ȵy],说法较近。

另外还有一些语言特征,不仅不符合苏州全区乃至周边城市的规律,甚至在整个吴语地区都很特别。比如:咸山摄开口三四等的字(如"染、天、见"),苏州全区基本都读单韵母[ɪ],只有西山倾向于读复韵母[iɛ];寒韵字"伞、蛋",苏州各地都读[E]韵,个别几个乡镇开口度稍大一点儿,读[ɛ]韵,只有在东山和西山话中读圆唇的[ø]韵,而且唯独这两个寒韵字读[ø]韵。我们推测这可能是一种儿化的读法,就像上海话"虾"读[₋hø],实际应是"虾儿"。据钱乃荣(1992:142/151),在整个北部吴语区这两个字都没有读[ø]韵的。词汇方面如:第一人称单数苏州全区基本有两种说法——"我"[₋ŋɤu]与"奴"[₋nɤu],只有东山、西山说"吾"[₋ŋ];指示代词苏州全区第一个都是"哀"[₋E]或"该"[₋kE],第二个都是"辦"[gəʔ₋],只有西山第一个是"辦"[gəʔ₋],第二个是"勾"[₋køY];"栽秧"一词在苏州全区有两种说法——"莳秧"和"种秧",唯独东山说"种田"。从以上这些特点足见这两个地方的与众不同了。

第三节 苏州郊区方言的地理学研究

比利时学者贺登崧先生所提倡的方言地理学的理论是方言研究的一种方法,值得借鉴。本节采用这一方法研究苏州郊区方言的地理分布。我们选取郊区的10项语音特征(详见本章第一节)来制作方言地图,试图通过对方言地图的解释来理清因历史变化而形成的连续层中的新旧层次,一种变化从一个区域向另一个区域传播的形态,语言共时和历时的演变规律和过程。

一、知系声母的地理分布

我们以知系声母"说"字为代表字,将其在苏州郊区34个点的发音制作成方言地图(见图4-1)。

根据古知系字的今读声母,可以将苏州郊区32个乡镇①划分为三个等级:车坊、郭巷、香山、胜浦、甪直、浦庄、藏书、镇湖、浒关、望亭、油泾是第一级;越溪、西山、渡村、太平、娄葑是第二级;东渚、通安、枫桥、东桥、北桥、渭塘、黄桥、蠡口、陆慕、唯亭、斜塘、横泾、东山、太湖、光福、木渎是第三级。第

---

① 图上共有34个点,其中东山镇和东山杨湾村的发音相同,香山的两个村——梅舍村和渔帆村的发音也相同,因此将其合并。

一级知系声母字保留[tʂʷ]①组声母；第二级[tʂʷ]组声母向[tsʷ]②组声母演变，保存了[tsʷ]组声母的圆唇动作，但舌位向前移动了；第三级[tsʷ]组完全并入[ts]组声母，[tʂʷ]组向[ts]组的演变过程彻底完成。

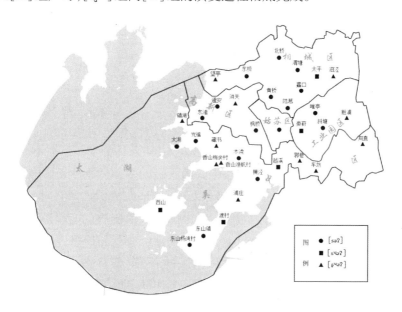

图4-1　苏州郊区"说"字的声韵母分布

从以上三个等级可以看出，苏州郊区[tʂʷ]组声母向[ts]组声母的合并不是一下子完成的，而是经历了[tʂʷ]组→[tsʷ]组→[ts]组逐渐演变的过程。这种地域上的空间演变正好反映了苏州城区历史上[tʂ]、[ts]合并的时间演变，只是郊区的演变速度要比城区缓慢得多。但郊区各乡镇的演变速度也是不同的，第一级的乡镇演变速度最慢，以东南郊为主，其中保存[tʂʷ]组声母最多的车坊和郭巷都位于郊区的东南部，地理位置较偏，20世纪80年代以前交通工具以船为主，较为闭塞，经济、文化的发展也比较缓慢，语音的演变也比其他乡镇缓慢。另一个保存[tʂʷ]组声母较多的香山位于苏州西南郊的多山地区，一面沿湖、一面沿山，与外界沟通较少，发展较晚。在香山，我们前后调查了两位发音人，一位80岁，一位50多岁，前者还保留比较完整的[tʂʷ]组声母，后者已完全消失，可见30年完成[tʂʷ]组向

---

① [tʂʷ]右上角的ʷ只是表示声母圆唇的符号，而不是元音符号。
② [tsʷ]右上角的ʷ只是表示声母圆唇的符号，而不是元音符号。

[tʂ]组的演变,这反映了苏州郊区同一地区语音在时间上的新旧变化。同一地区的历时演变和不同地区的地域演变过程往往是相同的,如位于苏州东北郊的浒关和望亭,既有部分字仍保存[tʂʷ]组声母,也有个别字有[tsʷ]组声母,但大部分已并入[ts]组,这说明浒关和望亭正处于[tʂʷ]组→[tsʷ]组→[ts]组的演变过程中。另外,由于[tʂ]组声母带有圆唇色彩,故其与圆唇韵母的结合比与不圆唇韵母的结合稳定得多,其中最稳定的是[tʂ]组声母与圆唇韵母[ʮ]的结合,以至于胜浦、甪直、浦庄、镇湖、浒关、泗泾的[tʂ]组声母与其他韵母的结合已基本消失,但与舌尖后圆唇韵母[ʮ]的结合至今依然非常稳定。第二级的乡镇主要分布于南郊和西南郊,除了位于南郊的越溪仍保存较为完整的[tsʷ]组声母以外,其余几个乡镇已很不稳定,正处于[tsʷ]组向[ts]组的演变过程中。第三级的乡镇散落于苏州郊区东南西北各地,但主要分布于苏州西郊和北郊,最早完成[tʂʷ]组→[tsʷ]组→[ts]组的演变。苏州城区则应更早,新中国成立前出版的有关苏州方言的著作都记录苏州方言有[ts]、[tʂ]两组声母(赵元任1928,陆基、方宾观1931,陆基1935),而新中国成立后出版的著作(廖序东1956,袁家骅等1960)都认为当时的苏州方言舌尖后音已经并入舌尖前音,可见1949年以后苏州城区方言就不分[ts]、[tʂ]了。

虽然苏州郊区方言的变化速度比城区缓慢,但随着经济、社会的发展,农村城市化趋势的日益明显,语言接触是不可避免的,郊区方言受城区方言的影响,也在发生变化。正如赵元任(1980:129/130/104)所说:"语言不是固定的,一代一代都不同。时代的不同,往往反映出在地域上的不同。原则上大概地理上看得见的差别往往也代表历史演变上的阶段。所以横里头的差别往往就代表竖里头的差别。一大部分的语言的历史往往在地理上的散布看得见。"因此,目前看到的一些共时特点,只是语音历时演变过程中的某个片段,从这些片段中,可以看到过去的语音变化所留下的痕迹。从苏州郊区[tʂ]、[ts]合并过程中的一些特征,可以推断苏州城区[tʂ]、[ts]合并不是一下子完成的,而是经历了[tʂʷ]组→[tsʷ]组→[ts]组逐渐演变的过程,[tʂʷ]组声母的圆唇特点是逐渐消失的,而且[tʂʷ]组声母与圆唇韵母的结合最稳定,故[tʂʷ]组声母的消失应该是从与不圆唇韵母相拼的字开始的。

方言地理学一般会在语言项目或语言特征点状分布图的基础上绘制同言线图。同言线(isogloss)是指方言地图上竞争性(competing)语言特征或形式分布区域的分界线(项梦冰、曹晖2005:62)。然而从图4-1的分布来看,我们似乎很难画出一条同言线,这是由于苏州郊区正处于[tʂ]组向[ts]组合并过程中的混乱状态。这种混乱,一方面表现在没有明显的、规律性的分区,东南西北4个区里都既有保留[tʂ]组的,也有已完成[tʂ]组向[ts]组合并的,即使是邻近的两个点之间合并的进展往往也不同;另一方面表现在同一地区不同年龄层的人也不同,老年人保留[tʂ]组较多,而中青年人一部分处于[tʂ]组向[ts]组的合并过程中,一部分已经完成合并,因此同一个点内部也常有[tʂ]组和[ts]组共存的状态。但从保留[tʂʰ]组和[tsʰ]组较多的地区来看,多集中于郊区南部,如车坊、郭巷、香山、越溪。而位于西部的高新区与位于北部的相城区则约有70%的点已完成合并。由此我们可以推断郊区知组声母的演变应该是由北向南移动的,其原因是北部的交通比较发达,与苏州城区的接触最为频繁,因此受苏州城区方言的影响最大,语音演变的速度最快。北部的主要交通路线有陆路和水路两大优势:自1905年开始修建沪宁铁路(1928至1949年因南京是当时首都而曾被称为"京沪铁路"),上海到南京的所有通道,包括公路,都是从苏州城区的北面走;水路即京杭大运河,运河苏州段与无锡接壤,从西北端进入苏州,往东南方向流经高新区、苏州城区、吴中区,到达吴江桃源。相对北部发达的陆路交通,南部就闭塞得多,很多地区20世纪80年代以前交通工具主要以船为主,因此与城区方言接触的机会不多,语音演变的速度就比较慢。

二、[dz]声母的地理分布

吴语有成套的浊的塞音、塞擦音、擦音,但其中浊的舌尖前塞擦音[dz]却或有或无。就现今的北部吴语来说,大体上苏州城区以东没有[dz],以南、以西、以北都有[dz],如吴江、宜兴、无锡郊县、常熟、溧阳、丹阳、常州、江阴、靖江以及浙江的杭州、绍兴等地都有[dz]声母。单看苏州市区内(见图4-2),也只有位于西南郊的东山、西山、越溪有[dz]声母,其余各点都没有[dz]。

关于古澄床禅从邪母今读[dz]还是[z],赵元任先生(1928:14)在《现代吴语的研究》中说是"一笔糊涂账""一处一个样子","这一笔糊涂账并不是不值得算,是因为一时不容易算出来,等算出来了古今方言的异同上可以有一种有趣的比较"。根据赵先生的记录,只有苏州、上海、宝山、周浦、松江只读[z],其余地区都有[dz]、[z]两母,各地哪些字读[dz]声母,哪些字读[z]声母,哪些字可以有[dz/z]声母异读是不尽相同的,有的地区读[dz]

多些,有的地区读[z]多些,基本没有什么规律。这种[dz]与[z]混淆的现象,似乎很早就有。不管从声学原理,还是古音源头看,其声母本身有多元化读音的倾向,容易造成不稳定、混淆的语音现象(详见本书第二章第二节"[dz]声母")。

但我们还是可以看出一点规律:[dz]、[z]两母的发展趋向是[dz]母逐渐向[z]母合并。上海在19世纪中叶还有[dz]母(J. Edkins,1853),但到20世纪初就已完成向[z]母的合并。昆山和嘉兴赵元任先生(1928)记[dz]、[z]两母,但钱乃荣(1992)所记只有[z]母,说明经历60多年的时间,昆山和嘉兴也已完成[dz]母向[z]母的合并。无锡城区赵文和钱文都记有[dz]、[z]两母,但现在城区只有[z]母,无锡郊区还保留[dz]母。苏州话在19世纪末也是有[dz]母的。苏州传教协会(The Soochow Missionary Association)在1892年编著的《苏州方言字音表》(A Syllabary of the Soochow Dialect)中就列有[dz]声母,但苏州城区早已完成向[z]母的合并,而郊区还有一些存留。

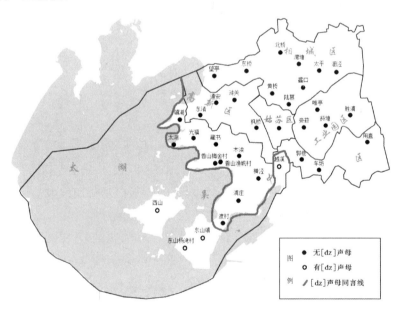

图4-2 苏州郊区[dz]声母的地理分布及其同言线

关于[dz]声母,叶祥苓(1988:68)的《苏州方言志》中只提到一句话:"苏州城区没有浊塞擦音dz声母,苏州南边有少数几个点(属吴县)还保留dz声母。"但具体哪几个点保留,叶先生并未提及。但从叶先生的描述来看,30 年前苏州郊区保留[dz]声母的点已然不多,也分布在南部,这与我们的调查结果是基本一致的。

东山、西山有[dz]声母,应该是受同在太湖边的无锡、宜兴影响;越溪有[dz]声母,应该是受吴江的影响。从整个吴语区来看,苏州以南、以西、以北都有[dz]声母,苏州郊区南接吴江、西傍太湖、北靠常熟,西北面又与无锡接壤,因此郊区南部、西部、北部各点早期都有可能有[dz]声母。苏州以东都没有[dz]声母,上海和昆山分别于20世纪初和20世纪末完成[dz]母向[z]母的合并。由此我们推断苏州郊区[dz]母向[z]母的演变应该也是由东往西推移的。就目前尚存[dz]声母的三个点来看,保留[dz]声母字最多的是东山,其次是西山,最少的是越溪。但据当地发音人说,他们读[dz]的一些字年轻人多数读[z]。可见,这样的演变仍在继续,可能再过三四十年苏州郊区也将彻底完成[dz]母向[z]母的合并。

三、效摄字今韵母的地理分布

我们以效摄字"刀"作为代表字,将其在苏州郊区 34 个点的韵母发音制作成方言地图(见图4-3)。

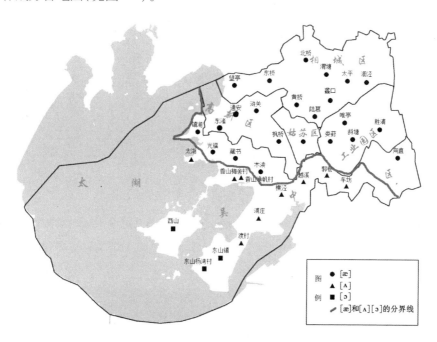

图 4-3 苏州郊区"刀"字的韵母分布及其同言线

根据效摄字的今读韵母，可以将苏州市区划分为南北两片，同言线以北都读[æ]韵，以南则读[ʌ]韵和[ɔ]韵。效摄读[æ]韵是苏州话标记性的一大特色，因为在整个吴语区只有苏州读[æ]韵。苏州以东基本都读[ɔ]韵，如昆山、上海等地；北面的常熟以及南面的吴江中片、西南片（如卢墟、震泽、桃源、七都），再往南到浙江的嘉兴、湖州、杭州也都读[ɔ]韵。吴江的北片（如松陵、同里、黎里）以及苏州西北面的无锡、宜兴都读[ʌ]韵。因此图4-3中同言线以南的这些点读[ʌ]韵和[ɔ]韵应该是受其周边城市的影响所致；而同言线以北的地区在[ʌ]和[ɔ]的包围下却依然固守[æ]韵，则集中体现了苏州城区方言的强势力量。很明显，苏州的[æ]韵是以城区为中心，向东、北、西面扩散。南部由于交通闭塞等原因，与城区接触不多，因此受城区方言的影响较小。但随着社会、经济、交通的发展，近年来南部与城区的接触日益增多，我们发现有些效摄字也开始读[æ]韵了，最明显的就是"小"字，几乎所有读[ʌ]韵的点"小"都说[siæ]。由此可见，[æ]的势力正在逐渐往南扩张。叶祥苓（1988）没有提到这一语音现象，因此无法知晓30年前效摄字韵母的分布情况，但可以推测30年前可能读[æ]韵的比现在少，读[ʌ]或[ɔ]韵的多一些。

[æ]、[ʌ]、[ɔ]这三个元音在英语里同时存在，是三个不同的音位。在汉语里，普通话一个也没有，方言里有其中一个的都很少，在苏州郊区却三个都有，但属同一个音位。这应该是苏州城区和苏州周边城市共同作用的结果。在听感上，[ʌ]和[æ]的距离不是很大，和[ɔ]的距离则比较大。[ʌ]是过渡性的，它和[æ]都不圆唇，和[ɔ]都是后元音，但在低元音的位置上，前后的距离较小。在地理位置上，[ʌ]也是过渡性的。

四、"雷、来、篮"的地理分布

"雷"属蟹摄合口灰韵，"来"属蟹摄开口咍韵，都是阴声韵，苏州今读单元音韵母；"篮"属咸摄谈韵，是阳声韵，苏州今失落鼻音韵尾，也成为单元音韵母。城区三个字读音相同：[lᴇ]，但郊区没有如此一致，其分合情况比较复杂，大致可以分成三种类型（表4-1）：

表 4-1 苏州郊区"雷、来、篮"读法的分类情况

类型		方言点	"雷、来、篮"三字的发音
第一类	雷＝来＝篮	太湖、光福、藏书、香山、镇湖、东渚、通安、浒关、望亭、东桥、北桥、渭塘、陆慕、横泾、浦庄	雷[lɛ]、来[lɛ]、篮[lɛ]
第二类	雷≠来＝篮	唯亭、胜浦、斜塘、娄葑、甪直、车坊、太平、甪泾、蠡口、黄桥、枫桥、木渎、东山镇	雷[lei]、来[lɛ]、篮[lɛ]
		东山杨湾村	雷[lɤ]、来[lɛ]、篮[lɛ]
第三类	雷＝来≠篮	郭巷、越溪、渡村、西山	雷[lɛ]、来[lɛ]、篮[læ]

我们又将这三个字读音的分类情况制作成方言地图(见图 4-4),从地图上观察其分布更加清楚,但由于目前的分合情况比较复杂,很难画出同言线。

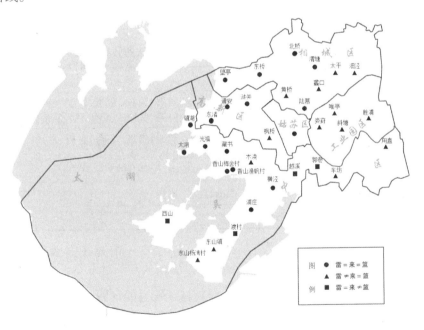

图 4-4 苏州郊区"雷、来、篮"的韵母分布

结合表 4-1 和图 4-4,我们可以明显地看出:

(1) 苏州郊区约有一半的乡镇与城区相同,三个字都读[ɛ]韵,主要分布于苏州的西面和北面。南面的 5 个点——郭巷、越溪、横泾、浦庄、渡村,

蟹摄灰韵字跟咍韵字相混，都读[E]韵。而西面离城区较近的两个点——木渎和枫桥，却没有受城区话的影响，坚持将蟹摄灰韵字读成[ei]韵。

（2）东面各乡镇蟹摄灰韵字跟咍韵字不混，蟹摄灰韵字都读[ei]韵，跟昆山话①相同，由此可知昆山的这一特点从苏州东郊就开始了。

（3）南面的三个乡镇——郭巷、越溪、渡村以及西山阴声韵跟阳声韵不混，但不是用有无鼻音韵尾来区分，而是用不同的元音来区分，阳声韵比阴声韵的开口度稍大一点②，"雷""来"读[E]韵，"篮"读[ɛ]韵。

（4）除了郭巷、越溪、渡村、西山这4个点以外，其余各点（包括城区）阴声韵跟阳声韵都相混，约占苏州全区的90%。

叶祥苓在1980年对吴县所属各乡做调查时就已发现"吴县有二十多个乡'雷''来'不同音，'雷'读ləi，'来'读lɛ③"（叶祥苓1988：6），而且将苏州全区"雷、来、篮"三字的韵母读法分成4种类型。我们结合《苏州方言志》方言地图第4图、第5图，对叶祥苓所分的4种类型及其方言点加以归纳如下，以与我们的调查结果作比较（表4-2）。

表4-2 《苏州方言志》中"雷、来、篮"读法的分类情况

	类型	方言点
第一类	雷[E]＝来[E]＝篮[E]	太湖、光福、藏书、镇湖、东渚、通安、浒关、望亭、东桥、北桥、渭塘、黄埭④、横塘、横泾、浦庄
第二类	雷[əi]≠来[E]＝篮[E]	唯亭、跨塘、胜浦、斜塘、娄葑、甪直、车坊、长桥、东山镇、东山杨湾、香山、胥口、木渎、枫桥、陆慕、蠡口、黄桥、太平、油泾
第三类	雷[E]＝来[E]≠篮[æ]	西山、渡村、郭巷
第四类	雷[əi]≠来[E]≠篮[æ]	越溪

比较我们与叶祥苓的调查结果，可以发现30年前郊区蟹摄灰韵字读[ei]韵、与咍韵字不混的乡镇比现在多，除了整个东部以外，靠近城区的北部、西部、南部各点基本都读[ei]韵，但离城区较远的地区（除了东山以外）

---

① 昆山话的读音参考车玉茜的硕士论文《昆山方言研究》（2005）。
② 为了区分这两个音笔者特意制作了声学元音图，详见本书第二章2-10。
③ 叶祥苓在《苏州方言志》第6页上"来"标注的是[ɛ]韵，但在第10页上又改标为[E]韵，前后不一致。"雷"的韵母叶祥苓记作[əi]，但我们认为[ei]更合适。
④ 叶祥苓当年调查了吴县37个乡，笔者调查了32个乡镇，有5个乡没有调查，分别是黄埭（相城区）、横塘（高新区）、跨塘（工业园区）、长桥（吴中区）、胥口（吴中区）。

反而大部分都读[ɛ]韵。其分布情况大致可以用图4-5来表示：

中心地带是苏州城区，读[ɛ]韵，靠近城区的一圈读[ei]韵，远离城区的一圈大多读[ɛ]韵，除了东部地区和位于西南角的东山。从语音的历时演变看，[ei]应比[ɛ]老。苏州的东部比苏州落后，上海作为近代的新兴都市，历史上落后于苏州。上海城区读[ɛ]是直接受先

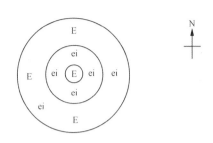

图4-5　30多年前苏州市区蟹摄灰韵字韵母的分布示意图

进的苏州话影响，上海周边都是三字不同音的。因此苏州东郊读[ei]应该是受苏州以东城市的影响，靠近城区的北部、西部、南部各点读[ei]，可能是东部的[ei]往西推移扩展所致。由此我们可以推断苏州郊区的[ei]应该是从东部开始、往西移动的。30年后的今天，东部依然固守[ei]韵，但城区及其以西基本都读[ɛ]韵，只有木渎、枫桥、东山例外。

至于"篮"的韵母，叶祥苓（1988：10）记作[æ]，但我们通过听感和声学元音图①反复比较确认，"篮"的韵母比[æ]的开口度要小，比[ɛ]的开口度大，介于两者之间，所以[ɛ]更合适。其实陆基（1935）早在《注音符号·苏州同音常用字汇》中就记录了"篮 lɛ ≠ 来雷 lɛ"。虽然关于"篮"的发音我们与叶祥苓的意见不同，但"篮"不同于"来、雷"的调查点，我们与叶祥苓是基本一致的，说明西山、渡村、越溪、郭巷的这个语音特点一直保存至今，没有改变。

五、流摄侯韵字今韵母的地理分布

我们以流摄侯韵字"楼"作为代表字，将其在苏州郊区34个点的韵母发音制作成方言地图（图4-6）。

古流摄侯韵字在现代吴语中的读音可谓纷繁复杂，可以说吴语是汉语方言中侯韵字读音最为复杂的方言区（郑伟 2013：154）。仅在苏州郊区就有5种韵母，即复元音韵母[øY]、[ei]、[ʌI]和单元音韵母[ø]、[ɤ]。苏州郊区34个点中有23个点读[ei]韵，占这一地区的三分之二，有绝对优势，

---

① 详见本书第二章图2-10。

主要分布于东部、北部和西部。这有可能是受苏州周边城市的影响,丹阳、溧阳、常州、江阴、无锡、昆山、杭州等地流摄侯韵字都读不圆唇的[ei]韵。关于这个[ei],赵元任先生(1976)是这样描述的:"It is cognate in most cases with finals of the ou type in most other dialects. This feature starts from about Hangchow northward up the Grand Canal past Changchow, and up some distance across the Yangtze River."(翻译为:它跟大多数别的方言的 ou 型韵母,在大多数情况下是同源的。这个特点大约从杭州开始,往北沿着大运河蔓延,经过常州,一直到长江以北的一些地方。)因此苏州郊区的[ei]应该也是这条运河上蔓延的一处。

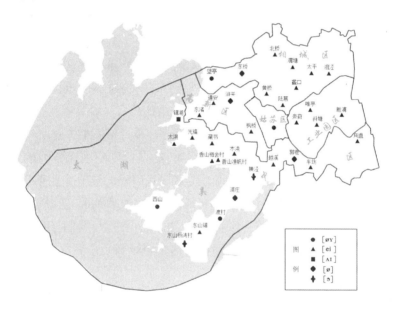

图 4-6　苏州郊区"楼"字的韵母分布

苏州郊区只有渡村、西山和望亭三个点跟城区老派一样,读[øY]韵。而且现今城区年轻一辈正由[øY]变化为[ei](汪平 1996:9,杨佶 2004:21)。按照语言演变的一般规律,基本都是农村受城市影响,向城市方言趋同。苏州的[ei]却不然,有悖于常理,城区反而变成弱势,城区的[øY]是在围城里,被周围郊区大范围的[ei]紧紧围住,如今围城终于被攻破了,城区的[øY]不得不低头,向势力强大的[ei]举手投降,这符合语言变化中少数服从多数的原则。

上文已提到唯亭、胜浦、斜塘、娄葑、甪直、车坊、太平、油泾、蠡口、黄桥、枫桥、木渎、东山镇这13个点蟹摄灰韵字读[ei]韵,而这13个点流摄侯韵字也读[ei]韵,因此这13个乡镇蟹摄灰韵与流摄侯韵合流,于是"雷"与"楼"同音,都读[₅lei]。但从实际的发音看,从东面来的"雷"[ei]是前响的,是古音的遗存;而从北面来的"楼"[ei]是后响的,是后起的。两者在性质上有相当大的区别,但现在在苏州发生碰撞,因为毕竟在语音上相近,就相混了,不管什么前响、后响之别,更不管来历不同、别处方言都不同,而是"我行我素",不讲道理。这就是实际存在的语言演变现象!语言学家只能被动地跟在后头解释,别无办法。

早在30年前,叶祥苓调查吴县各乡镇方言的时候就发现"吴县有二十多个乡流摄侯韵字和蟹摄灰韵字相混都读[ɔi]①"(叶祥苓1988:7)。30年后的今天仍有20多个乡镇流摄侯韵字保留[ei]韵,但蟹摄灰韵字保留[ei]韵的乡镇却由20多个减少至10多个。苏州周边有很多城市流摄侯韵字读[ei]韵,但苏州周边除了昆山以外,没有其他城市蟹摄灰韵字读[ei]韵的,因此从势力来说,流摄侯韵的[ei]要远大于蟹摄灰韵的[ei]。语言的新旧更替、不断变化其实也遵循着自然界的生存法则——弱肉强食、强者生存,势力强的自然就容易保留下来,势力弱的则会慢慢被淘汰、被更替。

苏州城区老派没有后响复合元音韵母[ei],"雷"[₅lE] ≠ "楼"[₅løY],但郊区有10多个乡镇(30年前有20多个乡镇)"雷" = "楼"[₅lei]。从古音来看,蟹摄与流摄没有渊源关系,今全国各方言很少见同音的,就整个北部吴语来说,同音的也不多,对苏州话影响较大的上海话也不同音。所以这是一种比较特殊的语音现象,原因可能是音值相近,逐渐产生混同,跟古音来历无关。对于郊区的"雷" = "楼"[₅lei],上海那么了不起的大城市也起不了作用,如此大力推广的普通话也束手无措。由此可见,语言演变、语言接触的规律没有那么简单,常会有违背规律、背道而驰的现象,我们需要进一步深入探索。

六、通摄字今韵母的地理分布

我们以通摄字"东"作为代表字,将其在苏州郊区34个点的韵母发音制作成方言地图(图4-7)。

---

① 本文记作[ei]。

苏州城区"东"读[˚toŋ],"登"读[˚tən],"熊"读[˚ioŋ],"赢"读[˚in]。而郊区目前有6个乡镇古通摄与臻、曾、梗摄的字相混,"东"读"登"[ən]韵,"熊"读"赢"[in]韵,故"东"="登"[˚tən],"熊"="赢"[˚in]。从图4-7可以看出,具有这一语音特征的乡镇主要分布于南部,6个乡镇中有4个位于南部,西部和北部各有1个。

叶祥苓30年前调查吴县各乡镇方言的时候就已发现"苏州南部有十个乡'东'读tən,北部陆慕乡和太平乡的三个调查点也读tən"(叶祥苓1988:5)。可见这一特征由来已久,但这30年来东韵读如登韵在苏州郊区呈减退势,30年前除了现有的6个乡镇以外,车坊、木渎、香山、藏书、陆慕也有此语音现象(见《苏州方言志》苏州方言地图第7图),现在东韵读如登韵的点比30年前少多了,即使至今仍保留这一特征的6个点也仅存留于镇政府下辖的自然村。

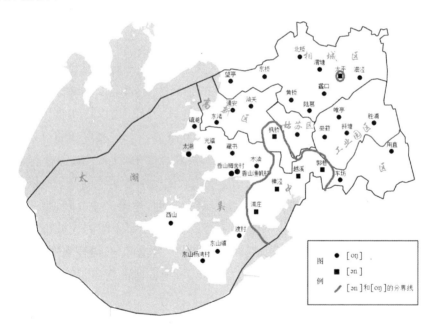

图4-7 苏州郊区"东"字的韵母分布及其同言线

周祖谟在《齐梁陈隋时期的方音》(1997)一文中谈到四种特殊的押韵:(1)真侵合韵;(2)庚蒸合韵;(3)东登合韵;(4)江阳合韵。这些都是在扬州、南徐州一些诗文作家的作品中所反映出来的现象。其中第(3)种东登合韵有以下两例(下面加横线的是登韵字):

齐·张融《海贼》：穷攻丛笼风崩(《齐文》15/3 上)
隋·释僧灿《信心铭》：能空(严可均辑《全隋文》34/1 下)

张融为扬州吴郡人（今江苏吴县），僧灿为南徐州彭城郡人（今江苏武进），恰好都在今天的北部吴语区域内。可见东韵读如登韵应该是由来已久，至少已有1500多年的历史了。由此我们推断通摄韵母的非圆唇化在早期的吴语中应该是盛行的，苏州城区及郊区东韵可能都读如非圆唇的登韵，后来受北方官话的影响，圆唇的[oŋ]逐渐取代非圆唇的[ən]，并且这种权威的读音以苏州城区为中心逐渐向四周扩散开去。但由于南部交通闭塞，比较保守，与城区方言接触的机会不多，语音演变的速度就比较慢，因此至今仍保留东韵读如登韵的语音特征。

很明显，东韵字的非圆唇化在现今的吴语中已没有地位，只能在零星的农村或者个别字中找到东登合韵的遗迹。① 但这一语音现象是湘语的主要特征。越来越多的研究证明，吴语和湘语有不少相同之处（袁家骅等1960；周振鹤、游汝杰1986；王福堂1999；陈立中2004），都保留了一些在其他汉语方言中已经消失了的早期汉语的特征，其中最大的共同点就是吴语和湘语都保留了古全浊声母，那通摄韵母的非圆唇化可谓是吴语、湘语的又一个共同之处了。

七、前[a]与后[ɑ]分合的地理分布

关于前后[a]的问题其实不涉及开尾韵，开尾韵从来都只有一个低元音，北部吴语绝大部分地区都是后低元音[ɑ]，上海话却读前低元音[a]。苏州城区不但坚持后元音[ɑ]，甚至现在变得更靠后一些。普通话是央[A]，较后的[ɑ]一般都显得有点老、有点土。许多方言都在经历从老派的后[ɑ]向前[a]演变的过程，马上要讨论的苏州新派前[a]与后[ɑ]合并现象，也是后[ɑ]并入前[a]，开尾韵的[ɑ]却相反，不但不变成前[a]，反而比老派更靠后，其中的原因很难解释。苏州郊区绝大部分地方都与城区一样读后元音[ɑ]，只有东山和太湖两地例外，读前元音[a]，是一种很特殊的现象（图4-8）。

---

① 除了苏州郊区的农村以外，吴江、昆山和丹阳的农村也有东读如登的现象（郑伟2013：237）。南部吴语表示人的"侬"字和"能"字同音也是东登合并的重要体现，它在金华、丽水、温州等地区的分布非常广泛（潘悟云1995）。

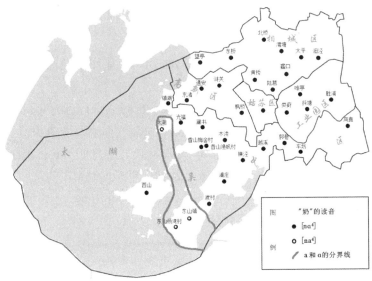

图 4-8　苏州市区[a]与[ɑ]的地理分布及其同言线

　　通常所说的前后[a]问题只存在于鼻化韵和入声韵。苏州老派在鼻化韵和入声韵中是可以区分前[a]与后[ɑ]的,如"畅"[tsʰã°]≠"唱"[tsʰɑ̃°],"鸭"[aʔ̣]≠"压"[ɑʔ̣]。但近40年来,苏州城区前[a]与后[ɑ]在鼻化韵和入声韵前已经合并,都读作前[a],只有[aʔ iaʔ ã iã],没有[ɑʔ iɑʔ ɑ̃ iɑ̃],这是新派苏州话的一个显著特点(汪平1996:16,杨佶2004:18)。苏州郊区的语音变化速度要比城区缓慢得多,故现今绝大部分乡镇仍然保留老派苏州话的特点,在鼻化韵和入声韵中区分前[a]与后[ɑ]。但鼻化韵和入声韵各有一处例外:太湖鼻化韵只有前[ã],没有后[ɑ̃],故"浜、帮"不分,都读[pã];东山入声韵只有前[aʔ],没有后[ɑʔ],故"袜、麦"不分,都读[maʔ̣](图4-9、图4-10)。

　　就整个北部吴语来说,早期前后[a]在鼻化韵和入声韵中有区别的地区较多,只有少数地方老派前后[a]不分,如宜兴、常州(钱乃荣1992:17)。各地新派前[a]化是主流,普通话却是[aŋ]而不是[aŋ],在这一点上吴语似乎与普通话背道而驰。[ã]多来自古宕摄,[ã]主要来自古梗摄,宕摄字"张"今读前[ã],说明早就开始混淆了。就苏州市区而言,城区在鼻化韵和入声韵中都已完成后[ɑ]向前[a]的合流,郊区绝大部分地区仍然保持对立,唯独东山和太湖例外。按照语言接触、语言演变的一般规律,离城区越远所受影响越小,因此我们认为东山、太湖的这一语音现象应该由来已久,有可能是受同在太湖边的宜兴的影响,而不是变化的结果。

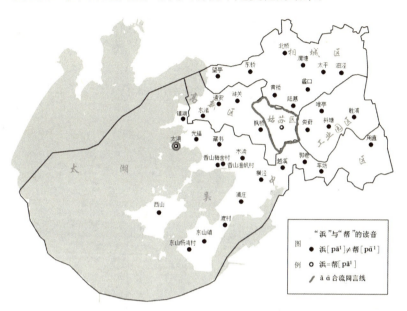

图4-9 苏州市区[ã]、[ɑ̃]分合的地理分布及其同言线

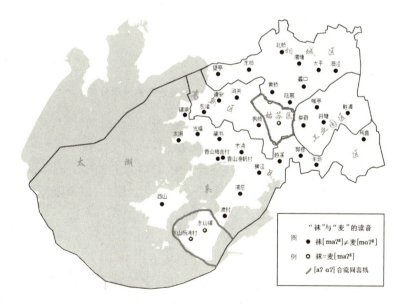

图4-10 苏州市区[aʔ]、[ɑʔ]分合的地理分布及其同言线

八、阳上、阳去分合的地理分布

苏州城区有 7 个声调,没有阳上,古浊上归阳去;郊区目前有 24 个乡镇浊上、浊去的声调不混,浊上单独为阳上。我们以"范"和"饭"作为古浊上、浊去字的代表,通过观察浊上、浊去字的声调在苏州郊区 34 个点是否相同来分析讨论阳上、阳去的分合问题及其分布(图 4-11)。

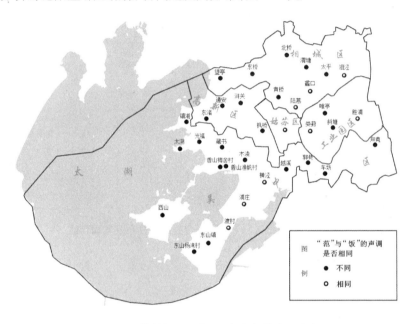

图 4-11 苏州郊区阳上、阳去分合的地理分布

古全浊阳上并入阳去在吴语大部分地区都已完成,如丹阳、靖江、江阴、常州、苏州城区、昆山、宝山、上海、嘉兴、杭州等;现在正在中青年中归并的有无锡、宜兴、溧阳、松江、吴江等,这些地区的新派全浊阳上的部分字或全部字已并入阳去,但其老派全浊阳上仍单独立调。因此,目前很多地区正处于阳上归并阳去的过渡时期。保留阳上、阳去不混的方言已不多,如常熟、湖州、绍兴、金坛等。

就苏州市区而言,城区发展较快,早已完成阳上、阳去的合并,而郊区的语音变化速度要比城区慢得多,至今仍有三分之二的乡镇保留阳上、阳去不混。这些乡镇分布于郊区东南西北各地,其中西部及西北部最为稳定,可能是受老派无锡、宜兴话的影响较深。郊区阳上、阳去完成合并的 8 个乡镇中有 3 个位于南部,占将近三分之一。这一现象比较反常,很难解释,因为就整个苏州郊区而言,南部由于交通闭塞等原因应该是发展最慢、最为保守的。

阳上、阳去不混的 24 个乡镇中有 21 个乡镇(唯亭、斜塘、甪直、车坊、郭巷、太湖、光福、藏书、香山、木渎、镇湖、东渚、通安、浒关、枫桥、黄桥、渭塘、北桥、东桥、望亭、太平)阳上、阳去的调值和调型比较一致,来自于古浊上的字应为阳上,读升降调 231;来自于浊去的字应为阳去,读升降升调 2312 或 2323,拐两个弯,成浪线形。另外 3 个乡镇——东山、西山、越溪阳上、阳去的调值和调型稍有不同(详见第二章表 2-10)。总的来说,阳上、阳去不混,阳去是一个先升后降的浪线形声调,这是苏州郊区多数方言的特征。

但也有 8 个乡镇(胜浦、娄葑、横泾、浦庄、渡村、陆慕、蠡口、油泾)跟城区一样,古浊上、去只有一个调,调值也一样;231。

前贤处理苏州城区声调,都是按古今声调演变的一般规律——古全浊上声今归阳去,确定它为阳去。但是,上述情况提示我们,古浊去字是升降升的浪线形调,古浊上字才是 231 调,城区方言的这一声调,应该是古浊去字并入了读 231 的古浊上字,而不是相反。因此,把这个声调命名为阳上,可能更加符合苏州郊区方言的实际情况。可见在研究现代语音系统的规律时,古今演变的普遍规律固然是重要的,但今音内部声韵调结构也常常起作用,以至打破自古以来的音类系统,造成了音变的复杂性和方言语音的多样性。

其实,叶祥苓先生在《苏州方言志》中已经说过,"苏州城区单字音有七个调类,平、上、去、入四声各分阴、阳,只是阳去并入阳上"(叶祥苓 1988:11)。这跟上述认识是一致的。

但如此一改就意味着违背了浊上归去的传统规律,违背了多年来大家对苏州话声调的普遍认识,在整个吴语地区苏州就会显得不协调,也许一时大家都很难接受,因此考虑到跟全国方言的协调和多年的习惯,我们也认可可以不改。

九、次清分调的地理分布

声调依声母全清和次清分化,这是吴江话最大的特点。苏州城区没有次清分调的现象,但郊区有 21 个乡镇次清不跟全清声母归阴调,而跟浊声母字归阳调,或单独立调,不过这只限于上、去、入三声,逢古平声,次清声母仍归阴平,而不是阳平。我们以"早—草""对—退""谷—哭"三对字作为上、去、入三声的全清与次清声母字的代表,通过观察这三对字的调值在苏州郊区34个点是否相同来考察次清分调的地理分布(图4-12)。

30年前叶祥苓对吴县所属37个乡做面上调查时就发现"吴县的南部和西部有20多个乡阴调类中的上声、去声、入声,全清和次清调值不同"(叶祥苓1988:6)。30年后的今天仍然有21个乡镇保留这一特点,在苏州全区占有绝对优势。这说明在苏州近郊次清声调不同于全清的现象这30年来一直存在,没有消退,而且这种现象不是孤立和偶然的,而是具有一定的普遍性。从图4-12可以看出次清分调的地理分布比较有规律,我们画出了同言线。

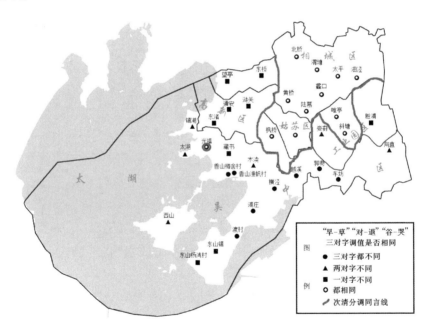

图4-12 苏州郊区次清分调的地理分布及其同言线

目前郊区有21个乡镇有次清分调的语音特征,但每个乡镇次清分调的声调种类有所不同,有多有少。其中与吴江毗连的位于苏州南面的车坊、郭巷、越溪、横泾、浦庄、渡村以及西面的香山次清分调的调类最多,古上、去、入三声都依声母全清与次清分化;其次是娄葑、甪直、木渎、太湖、西山、镇湖,有两类声调次清不同于全清,娄葑古上、去声全次分调,后五个乡镇古上、入声全次分调;其余的8个乡镇则只有一类声调有次清分调现象,位于苏州东面的胜浦古去声全次清不同调,位于苏州西南的东山古入声全次清不同调,位于苏州西面及西北面的藏书、东渚、通安、浒关、望亭、东桥古上声依声母全清和次清分化。可见,古上声全次清分调的最多,由此推断,各古声调的次清分调现象的出现应该是有顺序的,其出现的顺序可能是:上声→去声→入声。就苏州郊区而言,南面与吴江毗连,故上、去、入次清分调最多,东南面上、去声次清分调较多,西南面上、入声次清分调较多,西北面则只有上声次清分调,北面及东北面没有次清分调现象。

就整个北部吴语来说,有次清分调特征的方言不多。吴江次清分调的范围最大,七大古镇中有六大镇(松陵、同里、平望、黎里、芦墟、盛泽)逢上、去、入三声古次清声母的声调不同于全清①;其次就是苏州郊区,次清分调的乡镇占三分之二;嘉兴只有逢上声全次清声母不同调②。其他城市都没有次清分调的现象。因此从地理分布看,次清声调不同于全清这一特征应该是从苏州西北部开始,一直向南延伸,通过吴江地区,直至嘉兴。

从声调古今演变的规律来看,一般汉语方言的声调演变都按声母清浊分调,清声母字归阴调,浊声母字归阳调,但苏州郊区和吴江、嘉兴方言中出现的次清声母声调不同于全清的现象,说明清声母送气与否也可作为声调分化的一个条件。中国传统音韵学将清声母分全、次,浊声母也分全、次。全清是不带音不送气(实际是送气较少)的塞音、塞擦音,次清是不带音送气(实际是送气较多)的塞音、塞擦音,全浊是带音的塞音、塞擦音、擦音,次浊是带音的鼻音、边音等。从现代语音学的角度解释,"全、次"的划分和命名似不大好理解。但从现代方言声位(声调音位)的演变却可以知道,古人的划分是有道理的,次清分调的现象进一步证实了这一点。

除了北部吴语以外,侗语方言(石锋1988)、南昌话(熊正辉1979)和北部赣语(陈凌2009)也有次清分调的语音特点。但从全国范围来看,这种现象还是少数,绝大部分方言全清与次清声母的声调没有什么差别。可见声母送气与否对声调的影响还是没有声母带音与否大。正因为如此,"次清"在方言的古今比较中一般不受重视。在《汉语音韵讲义》中,浊分全、次两类,而清却只有一类,"次清"的地位可见一斑。在吴江、苏州郊区等少数地

---

① 参看《吴江市方言志》(汪平2010)。
② 参看《现代吴语的研究》(赵元任1928)和《当代吴语研究》(钱乃荣1992)。

方出现的次清声调不同于全清的现象应该是一种稀有的遗迹,似乎表露出当年的某些现象,只是可利用的证据太少,还不能推断出更多的历史真相。苏州城区可能在若干年前也是如此的,但早已消失,如今苏州郊区的部分乡镇还保留此现象,但我们认为随着与苏州城区话的接触日益增多,以及当今普通话的强大影响,语音演变的方向应该是全次清声调合并,次清声调向全清声调靠拢。

第五章 总结

第一节 与叶祥苓《苏州方言志》比较

苏州方言作为吴语的代表,向来受到研究者的重视,因此研究成果较多,涉及苏州方言语音、词汇和语法等各方面,研究水平也比较高,但基本集中于苏州城区方言的研究。叶祥苓先生的《苏州方言志》(1988)是第一部详细研究苏州市和苏州郊区(即原吴县)方言的著作。光从这一点看,这应该是一部很重要的著作。虽然郊区方言的研究只占了这部书的一章共63页的篇幅,但叶先生花费8个月的时间在城区和吴县所属37个乡共263个调查点对50个项目——进行实地调查,取得宝贵的第一手材料,其苦劳和功劳都是不言而喻的。叶祥苓根据调查所得材料,对苏州城区与吴县各处在语音和词汇方面的一些差别进行比较研究,并据此绘制了50幅方言地图。叶先生的贡献是第一次为学界提供了苏州郊区方言材料以及它跟城区方言的初步比较,填补了这一方面的空白。但学界对叶祥苓提供的部分材料和部分研究结论存在不同的看法,在基本事实上,尚未得到一致的认可。这也是我们著作此书的一个原因。

下面就几个方面将本书与叶祥苓的《苏州方言志》加以比较:

1. 调查点的不同

叶祥苓当年调查了吴县37个乡257个点和城区6个点,共263个调查点。如此多的点在8个月的时间内调查完,确实不容易,如若没有足够的财力和精力,没有相当的能力和毅力,是没法完成的。

不得不承认,在这个方面,我们不如叶祥苓。由于时间、财力和人际关系的限制,笔者历时3年(2009—2011)调查了32个乡镇,有5个乡镇没有找到发音人。笔者实际调查了36个点,其中木渎镇和枫桥镇的发音跟苏州城区几乎完全相同,故不列为本研究的调查点;香山和东山各调查了两个点;其余各乡镇都只调查了一个点、一位发音人。

叶祥苓是以乡政府以及乡政府下属的自然村为调查点,因此在他的方言地图上能看到同一个乡内不同自然村之间的差异,如此详细当然是好的。但由于时代的发展、行政区划的变化、农村城市化进程的加快,原来的很多自然村现在已经不存在或者合并为街道、社区了,所以现在已经很难在地图上找到那么多点了。

2. 调查和研究方法的不同

叶祥苓使用的是传统的方言调查方法,即耳辨手记,主观性较强,一时没听清楚记错的可能性是有的。本研究也以传统的方言调查法为基础,但为了避免传统方言调查主观性较强的缺点,我们使用潘悟云、李龙先生研发的语言田野调查系统 TFW(Tools for Field Work)进行电脑录音调查,然后根据电脑上的录音反复听辨后记音,这样就大大减少了因听错而误记的概率。为了对郊区方言语音的共时差异有更加直观和理性的认识,而不仅仅停留在听感的层次上,本研究也采用了实验语音学的方法进行更为细致的声学分析和描写,比如:利用软件 Praat 对一些很难辨识的音进行实验分析并制作语图;为了明确郊区舌尖后音的发音部位,我们对车坊话[ʦ ʦʰ s z]和[tʂ tʂʰ ʂ ʐ]两套声母做了静态舌面位置和颚位实验调查等。另外,我们还借鉴了比利时学者贺登崧先生所提倡的方言地理学的理论和方法,将一些有突出特点的语音和词汇制作成方言地图,画出同言线,并分析其地理分布,通过对方言地图的解释来理清因历史变化而形成的连续层中的新旧层次,一种变化从一个区域向另一个区域传播的形态。以上这些新的方法都是叶祥苓《苏州方言志》所没有的。虽然叶先生也制作了 50 张方言地图,但他对每一张地图只做简单的说明,并未对地图做出解释和分析。

3. 调查和研究内容的不同

由于时间紧促,叶先生调查的内容并不是很多,一共 50 项,其中语音只有 6 项,其余 44 项都是词汇。叶祥苓(1988:1)自己也说:"每个点只调查一些苏州内部有差别的条目。"而我们的调查是以中国社会科学院语言研究所编的《方言调查字表》为基本,调查苏州郊区的声、韵、调,以及一些苏州内部有差异的词汇,因此在调查和研究的内容上本文要比《苏州方言志》多一些、更全面些。除了叶祥苓提到的郊区不同于城区的 6 项语音特征(即保留舌尖后音,"东、登"同韵,"雷、来、篮"不同音,"雷、楼"同音,阳上、阳去不混,次清分调),本研究还分析和研究了[dz]声母、效摄字的韵母、流摄与咸摄的合并、前[a]与后[ɑ]的分合以及撮口呼韵母、舌尖元音[ɿ]与[ʮ]的问题等。

在词汇方面,叶祥苓当年一共作了44张词汇的方言地图,其中6个人称代词、2个亲属称谓名词、1个时间名词,还有35个有关动物、农作物、日常生活等方面的词语。本研究除了对这些词语加以分析、与30年前的分布进行新旧对比以外,还增加了指示代词、7个亲属称谓名词和3个时间名词。

4. 在部分语言事实上笔者与叶祥苓的调查结果和结论不同,当然其中有一些可能是由于历经30年的时间某些调查点发生了变化,但还有一些语言事实叶先生的描述确实存在一定的问题。比如:

(1) 根据方言地图第1图(18,叶书页码,下同),镇湖和浒泾这两个乡及其下属的自然村都没有舌尖后音,"塞"="说"。但根据我们的调查,这两个乡镇至今还保留舌尖后音,"塞"≠"说"。如果30年前就已经没有[tʂ]组声母,都并入[ts]组声母了,那30年后怎么又会出现[tʂ]组声母呢?

(2) 根据方言地图第4图(21)可知,叶祥苓认为东山杨湾"雷"的韵母与东山镇相同,是复合元音[əi]。但根据我们的听辨以及制作的语图,东山杨湾的"雷"是一个单元音,东山镇的"雷"是复元音,两者并不相同。

(3) 叶书第6页说:"吴县的南部和西部有二十多个乡阴调类中的上声、去声、入声,全清和次清调值不同。调型基本不变,只是全清起音高,次清起音低。全清去的调值为513,次清去的调值为413,全清入的调值为5,次清入的调值为3。只有阴上全清原来是高降调51,次清则读中降调,同时收音时又稍稍上扬。"但根据我们的调查,各乡镇次清的调值并不像叶书中所说的那样一致,且不但调值与全清不同,其调型也与全清相差很大。

(4) 根据方言地图第10图(27),胜浦、甪直、浒关、东桥4个乡及其下属的自然村全清与次清声母字调值相同。但根据我们的调查,这4个乡镇有次清分调的现象。语音演变的方向应该是全次清声调合并,如果这4个乡镇30年前就已完成合并,那30年后怎么又会出现次清分调的现象呢?

(5) 根据方言地图第9图(26),东山、西山、枫桥、黄桥、越溪5个乡及其下属的自然村阳上、阳去是相混的,"范"="饭"。但根据我们的调查以及制作的声调图,这5个乡镇阳上、阳去是不混的,"范"≠"饭"。

(6) 叶书中同一个音或者同一个方言词的写法常常不统一。比如:"来"的发音标注为[lɛ](6)、[lɛ](10);"东"的发音在行文中标注为[ən]

韵(5),但在地图上又标注为[əŋ]韵(24);"kuɛ 个"(那个)写作"归葛"(89)、"关葛"(339)。前后不一致容易让读者迷惑。作为同一作者的同一册书,除非有陈列各种异体的必要外,还是应该统一同一字(实为词)的写法(石汝杰 1990)。

另外,部分方言字的写法本研究与叶文不同,比如:"筷子",叶文写作"筷五"(36),"五"是取苏州音,但从语义上来说这里其实是一个儿化,应该写成"筷儿",就像苏州的"小娘儿"[siæ ɲiã ŋ]一样。"洗脸"有些点说[ᵇbu mɪ],叶文写作"婆面"(43),"婆"也是同音字,但从语义上来说我们认为用"抚"更合适。"洗脚"有些点说[ₑnɪ tɕiaʔ],叶文记作"念脚"(44),但从语义上来说我们认为用"捻"字更合适。

《苏州方言志》中"苏州方言的内部差别"只是其中的一章,篇幅也不是很多(共 63 页),叶祥苓主要是以静态描写的方式对苏州城区与郊区(吴县)的差别进行初步的比较。虽然有一些错误,但在苏州郊区方言的研究上,叶先生是开创者。我们作为后来者,希望在前辈研究的基础上,对郊区方言的研究在广度和深度上都能有所超越。本研究突破了传统方言学以静态描写为主的研究思路,将方言学与实验语音学、语言地理学、社会语言学相结合,对苏州郊区不同地区的共时变异和同一地区的历时变化,以及苏州郊区与城区乃至周边城市的异同与关联加以分析比较,试图呈现的是既有横向的又有纵向的动态变化过程,为语言变化问题寻找各个方面的依据,从而保证结论的客观性和现实性。在调查分析的基础上,采用语言接触理论、语言变异理论、词汇扩散论、方言地理学理论等对一些音变现象做出适当的解释,从理论上探索语言共时和历时的演变规律和过程,并据此对郊区方言进行了分区。这些都是本研究的创新之处。

第二节 苏州郊区方言 30 年来的变化

叶祥苓于 30 年前对吴县所属各乡进行了调查,将我们的调查与叶文的调查结果进行比较,可以大致看出这 30 年来苏州郊区(即原吴县)方言的变化发展面貌。

我们选择叶祥苓 30 年前调查的吴县不同于城区的 6 项语音特征,与今天的郊区语音特征比较。详见表 5-1,箭头前是郊区老派音,箭头后是郊区新派音。"+"表示已变化,"-"表示未变化,"*"表示 30 年前已如此。其中,第一个语音特征——舌尖后音向舌尖前音的合并,不是一下子完成的,而是经历了[tʂʰ]组→[tsʰ]组→[ts]组逐渐演变的过程。因此,"+中"表示该调查点已发生变化,但正处于变化的中间状态。"30年变化"是指自1980年到现在30年来变化的数量,"已变总数"=30年来变化的数量+30年前已经发生变化的数量。

表5-1 苏州郊区语音特征演变表

	舌尖后→舌尖前	东[tən]→[toŋ]	"雷""来"不同→同	"篮""来"不同→同	阳上、去分→合	全次清分→合	30年变化	已变总数
城区	*	*	*	*	*	*		
唯亭	+	*	−	*	−	*	1	4
胜浦	−	*	−	*	+	−	1	3
斜塘	+	*	−	*	−	*	1	4
娄葑	+中	*	−	*	*	1	4
甪直	−	*	−	*	−	−	0	2
车坊	−	+	−	*	−	−	1	2
郭巷	−	−	+	−	−	−	1	1
越溪	+中	−	+	−	−	−	2	2
横泾	+	−	*	*	+	−	1	4
浦庄	−	−	*	*	+	−	1	3
渡村	+中	*	*	*	−	+	2	4
东山	*	*	*	*	−	−	0	3
西山	+中	*	*	*	−	−	1	3
太湖	+	*	*	*	*	−	1	4
光福	+	*	*	*	*	+	2	5
藏书	−	+	*	*	−	−	1	3
香山	−	+	+	*	−	−	2	3
木渎	+	+	*	*	−	−	2	3
镇湖	−	*	*	*	−	−	0	3
东渚	+	*	*	*	−	−	1	4
通安	+	*	*	*	−	−	1	4
浒关	−	*	*	*	−	−	0	3
枫桥	+	−	−	*	−	*	1	3

续表

	舌尖后→舌尖前	东[tən]→[toŋ]	"雷""来"不同→同	"篮""来"不同→同	阳上、去分→合	全次清分→合	30年变化	已变总数
陆慕	*	+	+	*	*	*	2	6
蠡口	+	*	-	*	+	*	2	5
黄桥	*	*	-	*	*	*	0	4
渭塘	+	*	*	*	-	*	1	5
北桥	*	*	*	*	*	*	0	5
东桥	*	+	*	*	*	-	1	4
望亭	-	*	*	*	*	*	0	4
太平	+中	-	-	*	-	*	1	3
浒泾	-	*	*	*	+	*	1	4
30年变化	17	5	4	0	6	1		
已变总数	21	26	19	28	8	12		

表 5-2 列出 6 项语音特征 30 多年来的变化百分比以及对城区方言的趋同率。以第二个特征为例,30 年来郊区 32 个乡镇中只有 5 个乡镇发生了变化,其变化百分比即为 16%;而计算趋同率时需要加上 30 年前已经发生变化的乡镇数,即迄今为止郊区 32 个乡镇中共有 26 个乡镇此特征变得跟城区相同,趋同率即为 81%。其余以此类推。

表 5-2 6 项语音特征 30 年来的变化比例及对城区的趋同率

	舌尖后→舌尖前	东[tən]→[toŋ]	"雷""来"不同→同	"篮""来"不同→同	阳上、去分→合	全次清分→合
30年变化百分比	53%	16%	13%	0	19%	3%
趋同率	66%	81%	59%	88%	25%	38%

从表 5-2,我们可以非常清楚地看出,目前苏州郊区不同于城区的主要特征在声调上:一是阳上、阳去不混,二是次清声母的声调跟全清不同。这两个特征的趋同率都低于 40%,其余 4 个特征的趋同率均高于 50%。这 30 年来变化最大的,很明显是第一个特征,有 53% 的乡镇经历了 [tʂʰ] 组→[tsʰ] 组→[ts] 组的演变,而 30 年前只有 13% 的乡镇完成舌尖后音向舌尖前音的合并。说明近 30 年来农村城市化、郊区与城区方言接触的日益频

繁,对郊区舌尖后音的冲击是最大的。相信不需要再过多久,[tʂ]组声母在苏州郊区也会彻底消失了。

表5-3列出郊区各地30年来的变化百分比以及对城区方言的趋同率。以表5-1所列6项语音特征为100%,以唯亭为例,该地30年来有一个特征发生变化,其变化百分比即为17%;而计算趋同率时需要加上30年前已经发生变化的特征数,即迄今为止该地有4个特征已变得跟城区一样,趋同率即为67%。

表5-3　郊区各地30年来的变化比例及对城区的趋同率

	唯亭	胜浦	斜塘	娄葑	甪直	车坊	郭巷	越溪
30年变化百分比	17%	17%	17%	17%	0	17%	17%	33%
趋同率	67%	50%	67%	67%	33%	33%	33%	33%

	横泾	浦庄	渡村	东山	西山	太湖	光福	藏书
30年变化百分比	17%	17%	33%	0	17%	17%	33%	17%
趋同率	67%	50%	67%	50%	50%	67%	83%	50%

	香山	木渎	镇湖	东渚	通安	浒关	枫桥	陆慕
30年变化百分比	33%	33%	0	17%	17%	0	17%	33%
趋同率	50%	50%	50%	67%	67%	50%	50%	100%

	蠡口	黄桥	渭塘	北桥	东桥	望亭	太平	浦泾
30年变化百分比	33%	0	17%	0	17%	0	17%	17%
趋同率	83%	67%	83%	83%	67%	67%	50%	67%

从表5-3,我们可以发现,这30年来苏州郊区78%的乡镇都有变化,但总体来看,变化都不是很大,变化率最高的只有33%,比上海郊区近30年来的变化要小得多(参看游汝杰2010:194-200)。大部分变化都发生在30年前,因此郊区各地对城区方言的趋同率大多都在50%以上。最高的是位于北部的陆慕,100%趋同,说明陆慕话现在已与城区话基本相同,但还不是完全相同,因为这里只列了6项语音特征,还有一些词汇与城区不太一样,如"明天"说"明交"[˵mən tɕiæ],"舅母"说"舅唔"[dʑyø² ŋ],"月亮"说"亮月"[˶liã ŋəʔ],"辣椒"说"辣茄"[lɑʔ˳ gɑ],"蚯蚓"说"曲泥蛄"[tɕʰioʔ˳ ȵi kəu]等。趋同率最低的是位于南部的越溪,只有17%。从全区来看,南部的趋同率要低于东部、西部和北部。

第三节 苏州郊区方言的分区

根据我们对苏州郊区 32 个乡镇的调查,我们认为,苏州郊区方言大体上可以分为三片:

(1) 北片:包括位于北部的陆慕、蠡口、黄桥、渭塘、北桥、东桥、望亭、太平、浒泾。

(2) 东西片:包括位于东部的唯亭、胜浦、斜塘、娄葑、甪直,以及位于西部的枫桥、木渎、香山、藏书、光福、太湖、镇湖、东渚、通安、浒关。

(3) 南片:包括位于南部的车坊、郭巷、越溪、横泾、浦庄、渡村以及位于西南部的东山、西山。

划分方言内部区域的方法,常用的大致有两种:一是特征判断,二是综合判断。"特征判断"是指找出一条或几条对方言分区有重大意义的语音特征,画出同言线,即以同言线作为分区的界线。"综合判断"是指找出较多的能说明内部差异的语音特征,统计各调查点之间异同的多寡,求得各点之间互相接近的程度,根据接近程度的百分比来划分区域。本研究结合这两种方法,选出 7 条语音特征作为划分北片、东西片、南片的标准,并统计三片中各调查点符合这些特征的百分比,详见表 5-4。"＋"表示有此特征,"－"表示无此特征。

表 5-4 苏州郊区方言分区的划分标准

语音特征	北片		东西片		南片	
[dz]声母	－	100%	－	100%	＋	37.5%
"刀"的韵母	[æ]	100%	[æ]	87%	[ʌ]或[ɔ]	100%
"楼"的韵母	[ei]	78%	[ei]	87%	[øY]、[ei]、[ø]、[ə]	100%
"篮""来"同韵	＋	100%	＋	100%	－	50%
"偷""贪"同韵	－	89%	－	93%	＋	50%
"东""登"同韵	－	89%	－	93%	＋	50%
次清分调	－	78%	＋	73%	＋	100%

从表 5-4 我们可以看到,三片各自符合特征差异的百分比基本都在 50%以上,除了第一条外,由于目前郊区保留[dz]声母的点只有 3 个,因此百分比低于 50%,但这 3 个点都在南片,因此我们认为这也可以作为区分南

片与其他两片的一条标准。东西片与北片的语音差异较小,除了第七条特征不同外,北片基本没有次清分调的现象,而东西片大部分点都有次清分调的特征。南片与北片、东西片的差异比较大。

除了语音特征以外,还有一些词汇特征也能显示这三片的不同,详见表5-5。

表 5-5　苏州郊区方言 3 片的词汇差异

词汇	北片	东西片	南片
我	"我"[ˬŋəu]为主	"奴"[ˬnəu]为主	"我"[ˬŋəu]、"奴"[ˬnəu]、吾[ˬŋ̍]
你	形式较多	"内"[ˬnei]为主	形式较多
我们	"伲"[ˬn̠i]为主	"伲"[ˬn̠i]为主	"吾涅"[ˬŋ n̠iəʔ˳]、"阿伲"[aʔ˳ˬn̠i]为主
你们	"唔笃"[ˬn toʔ˳]	"唔笃"[ˬn toʔ˳]为主	"唔笃"[ˬn toʔ˳]、"唔得"[ˬn təʔ˳]、"唔搭"[ˬn taʔ˳]
他们	"俚笃"[ˬli toʔ˳]为主	"夷笃"[ˬi toʔ˳]为主	形式较多
指示代词	三分为主 近指用"哀"较多	基本三分 近指用"哀"较多	有一半二分 近指用"该"较多
母之姐	"啊姨"[ˬɑ i]为主	"啊姨"[ˬɑ i]、"娘姨"[ˬn̠iɑ i]	形式较多,还保留"姆姆"[ˬmE mE]
栽秧	"莳秧"[ˬzɿ iɑ]	"莳秧"[ˬzɿ iɑ]	"种秧"[tsoŋ˭ iɑ]、"种田"[tsoŋ˭ dɪ]
雾	"迷露"[mi˭ ləu]	"迷露"[mi˭ ləu]	还保留"雾露"[vu˭ ləu]

我们从以上语音特征和词汇特征中各选出两条最重要的,将这 4 条同言线画在图 5-1 上。

由于郊区方言目前正处于演变的过程中,因此其语音和词汇特征的分布比较复杂,没有完全重合的两条同言线,很难形成同言线束。第一条和第一条走势相近,有部分重合,从这两条同言线基本能看出南片与北片的不同;从第二条和第四条同言线大致能看出北片与东西片的区别。

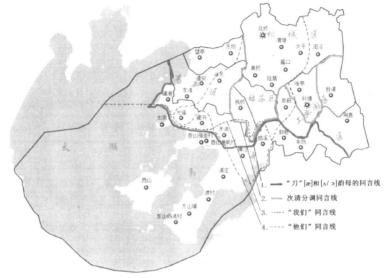

图 5-1　苏州郊区四种特征同言线

另外,我们还将本章第二节表 5-3 中郊区各地对城区方言的趋同率分北片、东西片、南片进行统计,结果见表 5-6。

表 5-6　郊区三片对城区方言的趋同率

	北片	东西片	南片
趋同率	74%	58%	48%

综合以上的表格、地图和分析,总的来说,北片离城区最近,与城区接触较多,语言演变速度较快,其方言最接近城区方言,趋同率达到 74%。表 5-4、表 5-5 中所列北片的特征大多都与城区一致。最保守的是南片,由于交通闭塞等原因,与城区接触较少,语言演变速度最慢,因此保留原有的特点较多,与城区话的差别最大,趋同率只有 48%,其中东山、西山又有其自身的特殊情况。相对于南、北两片,东西片位于中部,语言演变速度也居中,对城区方言的趋同率正好居于南、北两片中间。就语音特征而言,东西片与南片差异较大,更接近北片,唯独次清分调的特征与南片一致。在人称代词方面最能体现东西片不同于北片、南片的特点。

虽说南片与城区差异最大,但也有例外,比如:(1)郊区"雷""来"不同音,"雷"读[ei]韵这一语音现象主要在北片和东西片,南片反而大部分乡镇都与城区相同,"雷""来"同音,读[ᴇ]韵;(2)郊区"雷"="楼"[˳lei]这一特点也主要保留于北片和东西片,与城区不同;(3)郊区阳上、阳去大部分是不混的,跟城区一样已完成合并的只有8个乡镇,其中3个位于北片,两个位于东西片,3个位于南片,因此在阳上、阳去合并的速度上3片无差异。

郊区东临昆山、南接吴江、北靠常熟,西北面又与无锡接壤,与宜兴隔湖相望,因此郊区东南西北各地长久以来或多或少会受到这些近邻的影响,各自形成接近周边城市的一些语言特征。比如:东部"雷"="楼"[ˬlei],与昆山相同;最东面的甪直受昆山影响最大,"我"说"奴"[ˬnəu],"你"说"内"[ˬnei],"他"说"夷"[ˬi],"你们"说"唔得"[ˬn̩ təʔ˳],"他们"说"夷得"[ˬi təʔ˳],与昆山完全相同,"母亲"说"姆嬭"[ˬm mE],与苏州接壤的昆山南港镇相同。西部"螺蛳"说"蛳螺",西北部"你"说[ˬnɪ],应该都是受近邻无锡、宜兴的影响。北部"奔"说"斜"[ˬziɑ],与常熟相同。南部"蚯蚓"说"曲泥"[tɕʰioʔ˳n̩i],与吴江松陵相同;"雾"说"雾露","刀""高""老"的韵母是[ʌ]或[ɔ],也是受吴江及其以南城市的影响;南部的车坊、郭巷"祖母"说"娘娘"[˳n̩iã n̩iã]、"放"说"搞"[˳gʌ],与吴江相同。另外,从全区来看,"月亮""麻雀""冻疮"等词的不同形式的分布都是由于各地受其周边城市的影响;次清声母的声调不同于全清这一现象,在南部最为明显和集中,也是由于受吴江的影响。但其实这种影响应该是互相的,苏州甪直和昆山南港"母亲"都说"姆嬭"[ˬm mE],到底是苏州影响昆山,还是昆山影响苏州? 谁也说不清。语言是渐变的,很少过一条河方言一下子就全然不同了。

郊区各地受各自的近邻影响,同时又受城区的影响,因此,郊区方言内部的差别是比较复杂的。虽然我们将之分为北片、东西片、南片,但3片内部并不是像城区那样所有的语言特征都一致。北片中位于正北面的陆慕、黄桥、蠡口、渭塘、北桥语言特征相对比较一致,最接近城区;位于西北面的望亭、东桥由于靠近无锡、宜兴和郊区西部,与其有部分词汇相同,如"你"说[ˬnɪ],"他们"说"夷笃"[ˬi toʔ˳],"镰刀"说"大镲"[dəu² tɕiəʔ];位于东北面的太平、油泾有些特征接近东部,如"雷"="楼"[ˬlei],"我"说"奴"[ˬnəu],"你"说"内"[ˬnei]。

东西片的内部差异相对大一点,比如:(1)西部除枫桥、木渎以外,"雷、来、篮"韵母均合流,都读[lE],但东部"雷"[lei]与"来、篮"[lE]不同韵。(2)"老鼠"一词在西部说"老虫",而东部说"老丝"。(3)太湖和香山这两个点由于在太湖边,有些特征与同在太湖边的无锡、宜兴相同,如效摄字今读[ʌ]韵;还有些特征接近南片,如:太湖指示代词二分、"舅母"说"忌母"[ᶜdʑi m]，香山"我们"说"吾涅"[˳ŋ ɳiə˒]。太湖只有[ɿ]，没有[ʮ]，开尾韵和鼻化韵只有前[a]，没有后[ɑ]，"筱子"说"筱棒"[˳kʰua bā]，这些都是太湖的独特之处。

南片的内部差异主要表现在东、西山与其他乡镇的不同（详见第四章第二节）。除此以外，位于东南面的车坊和郭巷有些词汇接近东部，如："我"说"奴"[ᶜnəu]，"我们"说"伲"[˳nˊi]，"他们"说"夷笃"[˳i toʔ˒]，称呼母亲的姐姐为"娘姨"[˳ɳiā i]，"老鼠"说"老丝"[˳lʌ sɿ]，"辣椒"说"辣茄"[laʔ˒ gɑ]，"镰刀"说"镂子"[tɕiəʔ˒ zɿ]。另外，车坊"雷"与"楼"同音，读[˳lei]，也与东部相同。但考虑到在一些重要的语音特征上车坊、郭巷与南片相同，如效摄字今读[ʌ]韵，上、去、入三声都依声母全清与次清分调，因此我们还是将这两个点归入南片。

语言的变化、发展有一定规律，但影响其发展的原因却是多种多样的、复杂的，哪个因素成为决定性因素，有相当的偶然性，这就造成了复杂的语言现象，复杂的方言特征分布。我们把苏州郊区方言划分成 3 片，只是一个大概的工作假设，便于大家了解和认识，不是板上钉钉，某个点属北片，就不允许有其他片的特征。语言是活的，我们也要有活的方法对待，实在不必为方言分区意见不同而争得你死我活。

第四节 启 示

从汉语方言研究的角度看，苏州郊区方言的研究也许可以提供以下这些启示：

一、从共时的语言地理分布可以看出语言发展的历时变化

"音变的过程是复杂的。这种复杂的过程不是光靠历史文献材料能够了解到的。因而通过共时的差异来研究历时的变化无疑是一条了解音变机制的可靠途径。通过对共时变异的观察，可以使我们对语音变化有直接的了解，因而能够使我们对历史的变化过程有更准确的描写，并作出更可靠的解释。"（王士元 2002：138）

从苏州郊区目前[tʂʰ]组、[tsʰ]组、[ts]组声母在地域空间上的共时分布，就可以看到苏州城区乃至周边城市[tʂ]、[ts]合并的历时演变过程。目前看到的一些共时特点，只是语音历时演变过程中的某个片段，从这些片段

中可以看到过去的语音变化所留下的痕迹。东韵字的非圆唇化在现今北部吴语中十分少见，"次清"的分类在当代各语言中几乎看不出其影响，但苏州郊区出现的东登同韵、次清声调不同于全清的现象显示了语音在历时演变中所遗留下来的稀有的痕迹，似乎表露出当年的某些景象虽现已穷途末路，但在历史的长河中也曾风光无限。

因此对苏州郊区不同地区的共时变异的研究帮助我们了解和理清了苏州方言的历时变化过程，让我们能对一些音变的原因做出较为合理的解释。

二、语言的变化不是单向的，而是双向的

已有的研究表明，汉语方言的演变存在着一定的方向性，"小方言向大方言靠拢，地域方言向地点方言靠拢，乡村方言向城镇方言靠拢，城镇方言向大中城市或中心城市靠拢，所有方言向民族共同语靠拢"（陈章太，2005：51），可见方言演变会围绕"中心城市"和"共同语"两个中心进行。

从苏州郊区方言目前的共时差异来看，尽管乡村方言向城市方言、向普通话靠拢是大势所趋，但并不是无一例外的，有些变异却是反方向、反其道而行之。其中最明显的例子就是[ei]的崛起，城区的[øY]被周围郊区大范围的[ei]紧紧围住，反而变成弱势，不得不向郊区势力强大的[ei]举手投降，这是城区方言受郊区方言影响最好的例子，不过这个变异也是遵循着语言演变中少数服从多数的原则。另外，前后[a]的变异则是苏州方言与普通话对着干的极好的例子。在鼻化韵和入声韵中的前[a]化，是与普通话"背道而驰"的，因为普通话是[ɑŋ]而不是[aŋ]；而开尾韵的[ɑ]却相反，不但不变成前[a]，反而比老派更靠后，完全不受普通话影响，也不受强势方言上海话的影响，而是我行我素地进行着变异。

不同语言接触，其影响应该是互相的，不同乡镇之间的接触、郊区与城区的接触、郊区与周边城市之间的接触都会造成语音成分的互相渗透、词汇的互相借用。例如目前苏州郊区和城区[ɤø]、[ɤ]分混的情况正处于一种比较混乱的局面，这种混乱主要体现在三个方面：一是在地理分布上，郊区不同地区分混的情况不同，基本形成一种交叉分布的态势，没有什么规律；二是在年龄分布上，城区老一辈是严格区分这两个音的，年轻一辈则逐渐混淆不分；三是在[ɤø]、[ɤ]合并的方向上，城区先是[ɤ]向[ɤø]靠拢发展，而后[ɤø]又向[ɤ]靠拢发展，郊区则更加混乱，大部分乡镇只有[ɤø]没有

[ɣ],极少一部分乡镇只有[ɣ]没有[ɣø],还有一分部乡镇两者都有。这种混乱的状态应该就是语言接触导致语音互相影响、互相渗透的结果。苏州郊区人称代词、指示代词及处所语素的多样复杂,可能也是郊区与城区、郊区与周边城市接触导致的词汇互借。众多的同义异形结构的存在可能都是方言接触的结果(游汝杰 2004:343)。

苏州靠近无锡的地方有无锡特征,无锡靠近苏州的地方也有苏州特征,所以也很难说谁影响了谁。语言接触引起的语言演变应该是双向的,而不是单向的。正是近年来经济、交通、社会的发展,使语言接触日益增多,导致郊区原来比较整齐的分布规律随着由语言接触发生的语言演变而变得不整齐、不规则、不配套。

三、语言变化是复杂的,有些现象的规律还有待进一步探索

在研究现代语音系统的规律时,古今演变的普遍规律起着很重要的作用,但也常有打破这些普遍规律的现象出现,比如苏州郊区有些乡镇为了坚守[ɿ]与[ts]拼、[ʅ]与[tʂ]拼的声韵母拼读结构而不惜违背声母古今演变的一般规律,将古精母的"嘴"读成[tʂ]母。在古浊上字今应归阳上还是阳去的问题上,苏州郊区方言的实际情况似乎又违背了古全浊上声今归阳去的一般规律。可见,在研究现代语音系统的规律时,古今演变的规律固然很重要,但今音内部声韵调结构也会起作用,以至违背普遍规律,打破自古以来的音类系统,造成音变的复杂性和方言语音的多样性。

语言演变虽有一定的规律,会遵循一定的规则,如省力原则、音近而趋同、少数服从多数、劣势语言受优势语言影响等,但也不乏不符合规律甚至与规律背道而驰的现象。比如苏州郊区"雷" = "楼"[˪lei],还有"贪、偷、推"三字同音的。对于这种现象,强势方言上海话和共同语普通话都束手无措,无力改变。关于古澄床禅从邪母今读[dz]还是[z],古知系声母今读[tʂ]组还是[ts]组,[ɣø]、[ɣ]的分混,阳上、阳去的分混,等等,都是"一笔糊涂账","一处一个样子"。20世纪70年代出现的新词"撑绷",现在又消失了,其中的原因又有谁能解?

我们要讨论的现象,如果符合音变规律,我们把它解释清楚了,当然很好。现在发现有些现象不符合规律,也另有价值,那就是我们发现了新的、已知规律不能覆盖的现象,说明原有的研究还有待发展,需要探索新的规律。新的发现,本身就是研究价值。

余 论

本研究在调查和写作过程中遇到了很多困难,也有很多不足之处。

第一,在调查方面,有很多实际的困难。首先,发音人很难找。以前的农民都很热情、好客,即使不认识的人也很愿意跟调查人搭讪、聊天,调查者可以自己跑到村里,遇到合适的人就问,大家都很愿意配合。而现代社会的人往往戒心很重,不愿意跟陌生人闲聊,不敢热情、好客,所以只能通过身边的亲戚、朋友、同事、同学的介绍去找发音人,这样一来选择面就比较小,或者可以说几乎没有选择余地,好不容易通过某种社会关系在某村找到了一个发音人,此人的条件却可能并不非常合适,我们也只能勉强接受。利用已有的人际关系,在当地找到发音人已属不易,但关系毕竟有限,无法完全符合要求。还有 5 个乡镇(跨塘、横塘、长桥、黄埭、湘城)没有找到发音人,现实不允许我们挑三拣四,所以各点发音人的条件有点参差不齐,但大部分发音人都在 50 岁以上,基本符合要求,部分点(如郭巷、镇湖、太湖)的发音人年纪偏小,只得从权。

其次,由于经济、社会的发展,交通的便利,农村与城市的接触日益频繁,再加上普通话的推广,从未离开过当地、完全没有受城区话、普通话或其他方言影响的发音人几乎很少。个别发音人是文盲,他们看不懂字表,需要笔者采用各种办法一个一个解释,这在一定程度上增加了调查的难度,但同时也增加了调查的可信度,因为文盲发音人可以完全不受书面语的影响,保证说出来的都是当地纯正的方言。

另外,近年来由于行政区划的变化、农村城市化进程的加快,原来的很多自然村现在已经不存在或者合并为街道、社区了,所以现在要想去调查各个村的方言是越来越困难了。

以上这些问题应该是很多方言工作者都会遇到的,因为目前全国的发展形势基本都是如此,苏州地处长三角核心地区,发展更快,这种现象就更加突出,这对传统的方言调查确实是一个重大打击。

第二,在制图方面,由于笔者没有专门学过方言地理学,因此不会使用专业的方言地图的制图软件来制作地图,我们是用 Photoshop 和 Windows 的画图工具来制作方言地图的,不够专业,比较粗糙。叶祥苓当年的地图每个乡镇都有一条边界线,但由于最近 10 年行政区划的变化,很多乡镇合并,有些乡镇还被拆分成几块,因此乡镇与乡镇之间的边界线越来越模糊,几乎很难画出精确的边界线。

第三,由于客观条件的限制,本研究的工作还是有限的,有待更多和更深入的调查和研究,对一些方言现象的解释也有待进一步探索。本研究对苏州郊区方言的调查和研究主要集中在语音方面,词汇只涉及 40 多个苏州内部有差异的词语,语法没有涉及。虽然在与当地发音人的交流过程中,我们感觉郊区的语法体系与城区基本是一致的,但我们相信如果深入调查的话,应该会发现一些细微的差别。另外,苏州方言的连读变调一直受到学界的关注,郊区方言的连读变调我们也做了一些调查,但由于时间有限,还未来得及整理。这些都将成为笔者将来需要奋斗的目标。

参考文献

专著

[1] Catford, J. C. Fundamental Problems in Phonetics[M]. Edinburgh: Edinburgh University Press, 1977.

[2] Dart, S. Articulatory and Acoustic Properties of Apical and Laminal Articulations (UCLa Working Papers in Phonetics 79)[M]. Losangeles: UCLA, 1991.

[3] Firth, J. R. Word-palatograms and Articulation. Bulletin of the School of Oriental and African Studies[M]. Reprinted in Firth, J. R. (1964), Papers in Linguistics(1934—1951), London: Oxford University Press, 1948.

[4] J. Edkins. A Grammar of Colloquial Chinese, as Exhibited in the Shanghai Dialect[M]. Shanghai: Presbyterian Mission Press, 1868.

[5] Soochow Literary Association. A Syllabary of the Soochow Dialect[M]. Shanghai: American Presbyterian Mission Press, 1892.

[6] 曹志耘. 汉语方言地图集[M]. 北京:商务印书馆, 2008.

[7] 陈保亚. 语言接触与语言联盟[M]. 北京:语文出版社, 1996.

[8] 陈立中. 湘语与吴语音韵比较研究[M]. 北京:中国社会科学出版社, 2004.

[9] 陈松岑. 语言变异研究[M]. 广州:广东教育出版社, 1999.

[10] 陈章太. 语言规划研究[M]. 北京:商务印书馆, 2005.

[11] 陈忠敏. 上海市区话语音一百多年来的演变[M]//中国东南方言比较研究丛书(1). 上海:上海教育出版社, 1995.

[12] 陈忠敏, 潘悟云. 论吴语的人称代词[M]. 广州:暨南大学出版社, 1999.

[13] 戴庆厦.社会语言学概论[M].北京:商务印书馆,2004.

[14] 戴昭铭.天台方言初探[M].北京:中国社会科学出版社,2003.

[15] 丁邦新.一百年前的苏州话[M].上海:上海教育出版社,2003.

[16] 董少文.语音常识[M].北京:文化教育出版社,1956.

[17] 高本汉.中国音韵学研究(中译本)[M].赵元任,罗常培,李方桂,合译.北京:商务印书馆,1994.

[18] 贺登崧.汉语方言地理学[M].石汝杰,岩田礼,译.上海:上海教育出版社,2003.

[19] 侯精一.现代汉语方言概论[M].上海:上海教育出版社,2002.

[20] 胡士云.汉语亲属称谓研究[M].北京:商务印书馆,2007.

[21] 胡裕树.现代汉语[M].上海:上海世纪出版集团、上海教育出版社,1995.

[22] 黄伯荣,廖序东.现代汉语[M].北京:高等教育出版社,1991.

[23] 黄伯荣.汉语方言语法类编[M].青岛:青岛出版社,1996.

[24] 黄典诚.《切韵》综合研究[M].厦门:厦门大学出版社,1994.

[25] 江苏省和上海市方言调查指导组.江苏省和上海市方言概况[M].南京:江苏人民出版社,1960.

[26] 江苏省地方志编纂委员会.江苏省志·方言志[M].南京:南京大学出版社,1998.

[27] 李敬忠.语言演变论[M].广州:广州出版社,1994.

[28] 李荣.语文论衡[M].北京:商务印书馆,1985.

[29] 李荣,叶祥苓.苏州方言词典[M].南京:江苏教育出版社,1993.

[30] 李如龙,张双庆.代词[M].广州:暨南大学出版社,1999.

[31] 李小凡.苏州方言语法研究[M].北京:北京大学出版社,1998.

[32] 廖序东.苏州语音[M].南京:江苏人民出版社,1956.

[33] 林焘,王理嘉.语音学教程[M].北京:北京大学出版社,1992.

[34] 刘俐李.汉语声调论[M].南京:南京师范大学出版社,2004.

[35] 陆基,方宾观.苏州注音符号.自印本,1931.

[36] 陆基.注音符号·苏州同音常用字汇.自印本,1935.

[37] 吕叔湘,江蓝生.近代汉语指代词[M].上海:学林出版社,1985.

[38] 潘允中.汉语词汇史概要[M].上海:上海古籍出版社,1989.

[39] 钱乃荣.当代吴语研究[M].上海:上海教育出版社,1992.

［40］钱乃荣.北部吴语研究[M].上海:上海大学出版社,2003.

［41］石锋,廖荣蓉.语音丛稿[M].北京:北京语言学院出版社,1994.

［42］石汝杰,宫田一郎.明清吴语词典[M].上海:上海辞书出版社,2003.

［43］石汝杰.吴语文献资料研究[M].日本:好文出版,2009.

［44］索绪尔.普通语言学教程[M].北京:商务印书馆,1982.

［45］汪化云.汉语方言代词论略[M].成都:巴蜀书社,2008.

［46］汪平.苏州方言语音研究[M].武汉:华中理工大学出版社,1996.

［47］汪平.方言平议[M].武汉:华中科技大学出版社,2003.

［48］汪平.吴江市方言志[M].上海:上海社会科学院出版社,2010.

［49］汪平.苏州方言研究[M].北京:中华书局,2011.

［50］王福堂.汉语方言语音的演变和层次[M].北京:语文出版社,1999.

［51］王士元.语言的探索——王士元语言学论文选译[M].北京:北京语言文化大学出版社,2000.

［52］王士元.王士元语言学论文集[M].北京:商务印书馆,2002.

［53］王士元.演化语言学论集[M].北京:商务印书馆,2013.

［54］吴宗济,林茂灿.实验语音学概要[M].北京:高等教育出版社,1989.

［55］项梦冰,曹晖.汉语方言地理学——入门与实践[M].北京:中国文史出版社,2005.

［56］徐大明,陶红印,谢天蔚.当代社会语言学[M].北京:中国社会科学出版社,2004.

［57］徐大明.语言变异与变化.[M].上海:上海教育出版社,2006.

［58］徐大明.社会语言学研究.[M].上海:上海人民出版社,2007.

［59］徐通锵,叶蜚声.语言学纲要[M].北京:北京大学出版社,1989.

［60］徐通锵.历史语言学[M].北京:商务印书馆,1996.

［61］许宝华,汤珍珠.上海市区方言志[M].上海:上海教育出版社,1988.

［62］许宝华,宫田一郎.汉语方言大辞典[M].北京:中华书局,1999.

［63］薛才德.语言接触与语言比较[M].上海:学林出版社,2007.

［64］岩田礼.汉语方言解释地图[M].日本:白帝社,2009.

[65] 岩田礼.中国语方言的言语地理学的研究[M].Faculty of Letters, Kanazawa University, Japan,2007.

[66] 叶祥苓.苏州方言地图集[M].日本:日本龙溪书舍,1981.

[67] 叶祥苓.吴县方言志[M].吴县地方志通讯第二期,吴县地方志办公室编,1987.

[68] 叶祥苓.苏州方言志[M].南京:江苏教育出版社,1988.

[69] 袁家骅,等.汉语方言概要[M].北京:文字改革出版社,1960.

[70] 袁焱.语言接触与语言演变:阿昌语个案调查研究[M].北京:民族出版社,2001.

[71] 赵元任.汉语口语语法[M].北京:商务印书馆,1979.

[72] 张惠英.汉语方言代词研究[M].北京:语文出版社,2001.

[73] 张家茂,石汝杰.苏州市方言志[M].苏州市地方志编纂委员会办公室编,1987.

[74] 张兴权.接触语言学[M].北京:商务印书馆,2012.

[75] 赵元任.现代吴语的研究[M].北京:科学出版社,1956.

[76] 赵元任.语言问题[M].北京:商务印书馆,1980.

[77] 中国社会科学院语言研究所.方言调查字表[M].北京:商务印书馆,1999.

[78] 中国社会科学院语言研究所词典编辑室.现代汉语词典[M].3版.北京:商务印书馆,2001.

[79] 中国语言资源有声数据库调查手册·汉语方言[M].北京:商务印书馆,2010.

[80] 郑伟.吴方言比较韵母研究(中国语言学文库第三辑)[M].北京:商务印书馆,2013.

[81] 周振鹤,游汝杰.方言与中国文化[M].上海:上海人民出版社,1986.

[82] 朱晓农.上海声调实验录[M].上海:上海教育出版社,2005.

[83] 邹嘉彦,游汝杰.语言接触论集[M].上海:上海教育出版社,2004.

硕博论文

[1] 贝先明.方言接触中的语音格局[D].南开大学博士学位论

文,2008.

［2］陈稼.再论苏州方言的演变［D］.苏州大学硕士学位论文,2007.

［3］陈凌.幕阜山方言语音研究［D］.苏州大学博士学位论文,2009.

［4］顾钦.最新派上海市区方言语音的调查分析［D］.上海师范大学硕士学位论文,2004.

［5］顾钦.语言接触对上海市区方言语音演变的影响［D］.上海师范大学硕士学位论文,2007.

［6］胡智丹.无锡方言语音的共时差异与历时演变［D］.苏州大学硕士学位论文,2007.

［7］陆勤.近五十年来扬州方言语音变化研究［D］.南京师范大学硕士学位论文,2003.

［8］徐金益.无锡方言声调实验研究［D］.南京师范大学硕士学位论文,2007.

［9］徐睿渊.厦门方言一百多年来语音系统和词汇系统的演变——对三本教会语料的考察［D］.厦门大学博士学位论文,2008.

［10］杨佶.当代苏州方言语音演变初探［D］.苏州大学硕士学位论文,2004.

论文

［1］Ladefoged,P. Use of Palatography［J］. Journal of Speech Disorders,1957(22).

［2］Dart,S. Comparing French and English Coronal Consonant Articulation［J］. Journal of Phonetics,1998(26).

［3］W. S. Lee. An articulatory and Acoustical Analysis of the Syllable-initial Sibilants and Approximant in Beijing Mandarin［J］. Proceedings of the XIVth ICPhS,Univ. of California,Berkeley,San Francisco,1999(1).

［4］P. Ladefoged,Z. J. Wu. Places of Articulation：an Investigation of Pekingese Fricatives and Affricates［J］. Journal of Phonetics,1984(12).

［5］曹晓燕.以尖团分混考察影响方言变异的语言因素［J］.苏州大学学报,2011(2).

［6］巢宗祺.苏州方言中"勒笃"等的构成［J］.方言,1986(4).

［7］陈保亚.音变原因、音变方向和音系协合［J］.西南师范大学学报,

1989(3).

[8] 陈保亚. 语言接触导致汉语方言分化的两种模式[J]. 北京大学学报(哲学社会科学版),2005(2).

[9] 陈章太. 略论我国新时期的语言变异[J]. 语言教学与研究,2002(6).

[10] 陈章太. 语言变异与社会及社会心理[J]. 厦门大学学报(哲社版),1988(1).

[11] 储泽祥,邓云华. 指示代词的类型和共性[J]. 当代语言学,2003(4).

[12] 丁崇明. 语言变异的部分原因及变异种类[J]. 北京师范大学学报(人文社会科学版),2000(6).

[13] 丁崇明. 语言演变的过程模式[J]. 北京师范大学学报(人文社会科学版),2001(6).

[14] 丁崇明. 语言变异与规范[J]. 北京师范大学学报(人文社会科学版),2002(6).

[15] 丁声树撰文,李荣制表. 汉语音韵讲义[J]. 方言,1981(4).

[16] 郭骏. 方言语音变异特征分析[J]. 南京社会科学,2009(12).

[17] 胡明扬. 上海话一百年来的若干变化[J]. 中国语文,1978(3).

[18] 黄行. 语言接触与语言区域性特征[J]. 民族语文,2005(3).

[19] 黄宜思. 从变异现象看语言演变的机制[J]. 外语学刊(黑龙江大学学报),1998(4).

[20] 金有景. 苏州方言的方位指示词[J]. 中国语文,1962(4).

[21] 李荣. 方言词典说略[J]. 中国语文,1992(5).

[22] 李如龙. 论汉语方言语音的演变[J]. 语言研究,1999(1).

[23] 李小凡. 新派苏州方言声母系统的演变[J]. 方言,1997(3).

[24] 廖荣容. 苏州话单字调、双字调的实验研究[J]. 语言研究,1983(2).

[25] 林茂灿. 汉语语音研究的几个问题[J]. 语言文字应用,2005(3).

[26] 刘丹青,刘海燕. 崇明方言的指示词——繁复的系统及其背后的语言共性[J]. 方言,2005(2).

[27] 罗昕如. 湘语与赣语接触个案研究——以新化方言为例[J]. 语言研究,2009(1).

[28] 彭嫌.语言接触研究述评[J].新疆大学学报,2007(2).

[29] 钱乃荣.上海方言词汇的年龄差异和青少年新词[J].上海大学学报(社科版),1988(1).

[30] 瞿霭堂.语音演变的理论和类型[J].语言研究,2004(2).

[31] 阮畅.语言变异研究综述[J].唐山学院学报,2003(1).

[32] 沈榕秋,陶芸.上海现代方音的变化速度[J].复旦大学学报(社会科学版),1992(4).

[33] 沈同.上海话老派新派的差别[J].方言,1981(4).

[34] 石锋.苏州话浊塞音的声学特征[J].语言研究,1983(1).

[35] 石锋.高坝侗语五个平调的实验研究[J].民族语文,1988(5).

[36] 石汝杰.关于方言志编写的几点想法——兼评叶祥苓著《苏州方言志》[J].中文研究集刊第二号,1990.

[37] 石汝杰,等.江苏吴江盛泽方言音系[J].日本:熊本学院大学文学·语言学论集.2006,13(2).

[38] 石汝杰.昆山市方言内部的地理分布.日本:熊本学园大学附属海外事情研究所第41卷第1号,2013.

[39] 汪平.苏州音系再分析[J].语言研究,1987(1).

[40] 汪平.苏州方言的声调系统[J].语文研究,1994(2).

[41] 汪平.苏州方言的"得"[J].语言研究,2001(2).

[42] 汪平.普通话与苏州话在苏州的消长研究[J].语言教学与研究,2003(1).

[43] 汪平.汉语方言的焦点特征[J].语文研究,2005(3).

[44] 汪平.吴江方言声调再讨论[J].中国语文,2008(5).

[45] 王士元.语言变化的词汇透视[J].语言研究,1982(2).

[46] 文少功.无锡方言音系记略[J].无锡教育学院学报,1996(4).

[47] 吴安其.语言接触对语言演变的影响[J].民族语文,2004(1).

[48] 吴福祥.关于语言接触引发的演变[J].民族语文,2007(2).

[50] 小川环树.苏州方言的指示代词[J].方言,1981(3).

[51] 熊正辉.南昌方言的声调及其演变[J].方言,1979(4).

[52] 熊正辉.官话区方言分 ts tʂ 的类型[J].方言,1990(1).

[53] 徐立芳.苏州方言的文白异读[J].徐州师范学院学报(哲社版),1986(2).

[54] 徐立芳.苏州方言形容词初探[J].徐州师范学院学报(哲社版),1987(1).

[55] 徐越.杭州方言语音的内部差异[J].方言,2007(1).

[56] 许宝华,游汝杰.苏南和上海吴语的内部差异[J].方言,1984(1).

[57] 许宝华,汤珍珠,汤志祥.上海方音的共时差异[J].中国语文,1982(4).

[58] 许宝华,汤珍珠,陈忠敏.上海地区方言的分片[J].方言,1993(1).

[59] 薛才德.上海市民语言生活状况调查[J].语言文字应用,2009(2).

[60] 叶祥苓.苏州方言的连读变调[J].方言,1979(1).

[61] 叶祥苓.苏州方言中[ts tsh s z]和[tʂ tʂh ʂ ʐ]的分合[J].方言,1980(3).

[62] 叶祥苓.吴江方言声调再调查[J].方言,1983(1).

[63] 叶祥苓.关于苏州方言的调类[J].方言,1984(1).

[64] 游汝杰.上海郊区语音近30年来的变化[J].方言,2010(3).

[65] 张拱贵,刘丹青.吴江方言声调初步调查[J].南京师范学院学报,1983(3).

[66] 张家茂.《三言》中苏州方言词语汇释[J].方言,1981(3).

[67] 张振兴.语音演变例外的社会调查[J].中国社会语言学,2003(1).

[68] 赵元任.北京、苏州、常州语助词的研究[J].清华大学学报,1926(2).

附录：苏州郊区方言调查字表

一、声母调查字表

布	赠	潜	澄	传
潘	贼	集	拆	砖
飞	从	秦	择选~	专
翻	丛	尽	生	穿
多	族	疾	省	喘
天	前	存	责	船
借	截	藏	争	说
姐	全	昨	册	塞
租	绝	墙	声	债
抓	残	匠	成	柴
抄	钱	静	城	晒
吵	贱	净	整	世
照	才	情	正	制
少	财	晴	只	誓
招	在	籍	尺	税
烧	聚	村	石	纸
超	自	细	窗	是
朝	瓷	贞	双	诗
赵	字	侦	捉	时
罩	曹	程	撞	鲥
曾	造	郑	桌	市
层	杂	撑	刷	侍

试	战	爽	神	职
始	扇	床	身	食
齿	折	状	诊	识
芝	浙	创	肾	式
志	舌	樟	震	植
脂	设	昌	真	朱
指	馋	商	质	输
示	衫	伤	实	竖
视	搀	赏	失	树
尸	插	常	室	蛀
屎	赚	尝	出	暑
事	闪	掌	春	鼠
史	摄	上	唇	书
师	剩(白读)	唱	准	诸
耻	张	厂	顺	煮
治	长~短	沉	纯	处
迟	场	森	征	猪
稚幼~	肠	深	橙	除
知	丈	针	惩	住
池	仗	枕	直	锄
水	杖	沈	侧	梳
睡	涨	汁	测	助
垂	账	湿	蒸	蔬
吹	着~衣	十	称	阻
追	葬	镇	乘	数
嘴	仓	趁	绳	茶
山	庄	珍	承	沙
产	装	陈	丞	查
杀	疮	尘	升	社
展	闯	阵	拯	遮
蝉	桑	侄	证	车
善	霜	衬	胜	蛇

射	重	寺	浓	儿~童
射	中	绸	老	鱼
鸡	虫	抽	女	河
轻	竹	州	儿~子	湖
香	轴	臭	银	吴
高	缩	周	藕	胡
肯	钟	收	危	何
好	冲	咒	活	乌
孩	种	寿	阔	坞
合	烛	手	扩	污
光	触	瘦	骨	火
快	赎	皱	核	货
灰	束	愁	国	虎
白	属	跪	或	壶
肥~皂	终	共	碗	狐
饭	充	狂	官	护
万	众	米	王	晏
妇	粥	问	为	有
房	叔	难	滑	用
唯	熟	农	刮	移
田	人~民	脓	弯	软
徐	入			

二、韵母调查字表

四	是	始	视	治
死	诗	齿	尸	迟
寺	时	芝	屎	稚 幼~
世	鲥	志	事	知
制	市	脂	史	池
誓	侍	指	师	水
纸	试	示	耻	嘴

走狗口后厚喉猴楼漏透偷够酒秋修柳绸抽州臭周收咒寿手瘦皱愁就锈铁~九牛

探餐参惨蚕暗软船碗官数河湖吴胡何乌坞污火货虎壶狐护头兜斗抖陡豆凑

内罪块备美悲亏翠睡追痱~子单旦但弹蛋叹炭山三关砍感胆淡喊痰减馋男南贪

懒难戴抬代待碎赛散伞最妹媒堆推腿对退岁税陪梅桂卫回会灰背辈配倍每

吹朱输竖树蛀痄暑鼠书诸煮处猪除住锄梳如天染~头发茄家(白读)奶刀好万锯(白读)来雷蓝兰

有	糖	邻	脚	吃
旧	窗	云	纳	缺
休	旺(白读)	运	十	决
油	腔	军	脱	橘
圆	深	裙	夺	屈
权	门	菌	出	掘
无(白读)	等	轰	黑	疫
亩(白读)	正	风	责	落
唔~笃	灯	东	月	福
鱼(白读)	登	农	佛	学(白读)
五(白读)	能	荣	接	北
儿~童	分	浓	立	确
破	滚	鸭	日(白读)	玉
付	温	发	雪	曲
长	寻	甲(白读)	阅	局
剩(白读)	人(白读)	瞎	越	浴
生(白读)	冰	着~衣	逼	菊
羊	听	麦	剧	育

三、声调调查字表

诗	难	紧	感	耻
高	云	死	掸	齿
潘	皮	手	坦	腿
天	蚕	伞	点	吵
低	图	早	舔	五
边	排	草	剪	女
粗	等	狗	浅	老
筋	走	口	补	部
穷	碗	古	普	买
陈	比	苦	掌	近
唐	好	砍	厂	坐

厚稻范懒软旱动柱舅件正对退半判辈配到套

剑欠镇趁叹炭探再菜赛过课记气骗肺快唱怕

四散蛋弹大饭树画望硬路卖盗岸汗洞住旧健

步事剩万字状寺共问为用急一笔匹尺福鸭约

百谷哭足促接七拆出六读滑十热佛月药入白

四、词汇调查表

我	爷爷(面称)	弟弟	妻子
我们	爷爷(背称)	妹妹	丈夫
你	奶奶(面称)	爸爸的弟弟	婴儿
你们	奶奶(背称)	爸爸的哥哥	女小孩
他—她	外公(面称)	叔叔的妻子	男小孩
他们	外公(背称)	伯伯的妻子	小偷
爸爸(面称)	外婆(面称)	爸爸的姐妹	这里(近处)
爸爸(背称)	外婆(背称)	妈妈的姐妹	那里(远处)
妈妈(面称)	哥哥	妈妈的兄弟	那里(更远)
妈妈(背称)	姐姐	舅舅的妻子	今天

明天	青鱼	洗脸盆	抖开被子
前天	鲫鱼	洗脸水	端
大前天	塘鲤鱼	洗脚	放
每天	鱼鳞片	左手	抚摸
现在	鱼鳍	右手	宠
当时	杀鱼	眼屎	赎药
这一阵子	麻雀	耳屎	奔
前一阵子	鸟	喉咙	花费
可曾	蜻蜓	手指纹	糊
没有	花蕊	胳膊	形容水滚
太阳	(花)蔫(了)	腋下	能干
晒太阳	老鼠	腿肚子	勤快
乘凉	蚯蚓	淋巴结	肉麻
月亮	知了	雀斑	撑绷
雾	蟋蟀	手有残疾	阴险
彩虹	刺毛虫	脚有残疾	非常好
逆风	蚕蛹	瘦子	结实
打雷	镰刀	傻子	不结实
下很长时间的雨	栽秧	口吃	不新鲜
	耕地	眼睛肿	核桃
淋雨	种豆	疟疾	耳环
阴天	筷子	冻疮	仅仅
玉米	羹匙	抬头	太
辣椒	凳子	低头	很硬
荠菜	楼梯	插嘴	晕车、晕船
南瓜	纽襻	撇嘴	傍晚、黄昏
马铃薯	短裤	搬弄是非	打扮
螺蛳	起床	叉腰	评弹
鱼	洗脸	抖腿	

后　记

　　自1997年进入苏州大学文学院就读中文师范本科,我就与这所百年老校结下了不解之缘。本科第四年的时候被分配到同样是百年老校的苏州市第十中学实习,本以为就要在那里当一名中学语文老师了,却意外收到苏大文学院硕士研究生的录取通知书。选择语言学,应该是受朱景松老师的影响,他的一门课——现代汉语语法研究,对我启发颇深,给我指引了一个方向。研究生面试的时候被陆庆和老师录取,误打误撞进入了一个我之前全然不了解的专业——对外汉语。在陆老师的悉心教导下,我渐渐爱上了这个年轻的专业,并将对外汉语教学变成了我的一份事业。从2001年第一次见陆老师,到现在已有15个年头了。这一路走来,不论是作为她的学生,还是与她并肩作战的同事,陆老师在学业、教学、科研、工作、生活上都给予了我很多的帮助。在此,谨向她表示由衷的感谢!

　　在普通话盛行、方言逐渐流失的当下,作为一名土生土长的苏州人,保护苏州方言,自当义不容辞!出于这样的考虑我便萌生了报考方言学博士的想法。承蒙汪平先生不弃,于2008年招我于门下,我因此而得先生面命耳提,把手言精,无论道德文章、为人为学,受益于先生良多。从对外汉语转到方言学,其间经历了很长一段时间的水土不服。虽然都是语言学,但一个是研究如何教外国人学习汉语,一个是研究中国传统的方言土话,研究的内容和思路完全不同,这一洋一土、一新一老,着实让我困惑!是汪老师耐心指导,帮我慢慢解除了这些困惑,让我逐渐掌握了方言调查、描写、研究的方法,让我懂得什么才是真正的丁李学问。2009年跟随汪老师去扬州宝应调查方言,收获颇多,似乎从那时起我才真正进入了方言学的殿堂。2011年福州方言学会年会是我第一次参加的方言学的研讨会,在会上宣读了我的第一篇方言论文《苏州车坊方言音系的描写与比较研究》,得到了麦耘先生、李蓝先生、苏晓青先生等专家同行的指点,对我来说是很大的鼓励。

本书是在同名博士论文的基础上修改完成的,博士论文的写作凝聚了汪老师的大量心血。从论文选题的确立、论文框架的构建到论文撰写时的辩难以及细节的修订,若没有老师的悉心指教,我可能至今还汗漫无归;而在随后的写作中,倘没有老师不断的鼓励,以及深细及发的一再提点,我完全有可能中途退却。更难得的是老师也从不给我任何压力,让我可以从容地处理工作、学习和家庭的多重任务。汪老师博大精深的学问、严谨求实的治学态度、宽容豁达的处世风格,是我一生学习的楷模和奋斗的目标。同时,我还要感谢师母蒋玉芝在学习和生活上对我的关心与照顾!

在苏大读博期间,我亦有幸得到朱景松教授、王建军教授、高永奇教授和张玉来教授等诸位老师的教诲。先生们的言传身教、谆谆教导,我都铭记在心。远在日本的石汝杰老师特意将其发表的与我博士论文有直接关联的几篇论文发给我,还将他新出版的吴语著作送给我,使我从中受益颇多。在寻求现代科学手段之时,上海大学的凌锋博士耐心地向我介绍一些实验语音学的知识,并教我科学录音、制作语图、分析波形的方法,对车坊发音人做的静态舌面位置和颚位实验调查也是在他的协助下完成的。在方言地图的制作上,苏大海外教育学院的张卫峰老师和同门师姐刘艳博士给予了一定的帮助。同时也要感谢苏州大学海外教育学院的各位领导对我读博的支持,并给予我较宽松的工作环境,还有帮助我找发音人的各位亲朋好友、同学、同事。我还要感谢我的家人,是他们的理解和支持让我能够心无旁骛地置身论文写作之中。

本书的出版还有幸得到苏州大学优势学科(中国语言文学一级学科)建设经费的出版资助,感谢苏州大学文学院领导的鼓励和支持!本书同时也是江苏高校哲学社会科学基金资助项目(2015SJB514)的学术成果。

谨以此书献给所有关心、帮助、支持并不断给我鼓励、引领我前行的师长和亲友!

林齐倩

2016 年端午于苏州家中